세상에
　　　대하여
우리가 더
잘 알아야 할
　　교양

지은이 아드리안 쿠퍼(Adrian Cooper)

아드리안 쿠퍼는 작가이자 영화 제작자입니다. 동아프리카와 인도에서 영국 〈채널 4〉 텔레비전과 BBC 방송을 위해 일했습니다. 쓴 책으로는 《신성한 자연: 고대의 지혜와 근대의 의미 Sacred Nature: Ancient Wisdom and Modern Meanings》《신성한 산: 고대의 지혜와 근대의 의미 Sacred Mountains: Ancient Wisdom and Modern Meanings》《인종주의(사실에 직면하다) Racism(Face the Facts)》 등이 있습니다.

옮긴이 전국사회교사모임

1989년 출범한 전국사회교사모임은, 학교 현장과의 밀착성을 바탕으로 지금 우리 교실에 꼭 필요하고 적합한 민주시민교육을 위해 끊임없이 노력해 왔습니다. 사회 교사로서 현실적이고 전문적인 감각을 갖추기 위해 정치·경제·법·문화 등의 책들을 함께 공부하고, 해당 분야의 전문가를 초청해 강연회를 열고 있습니다. 이를 바탕으로 다양한 수업자료를 개발해 보급하고 있습니다. 또한, 더 많은 선생님과 연구 성과와 문제의식을 공유하기 위해 교사 연수를 개최하고, 그 성과물을 함께 나누는 운동을 지속적으로 펼치고 있습니다.

장경주(시흥중학교 교사)
박재열(중산고등학교 교사)
김준휘(저동고등학교 교사)
김상희(도봉중학교 교사)

감수 박창순

박창순은 대학에서 영화를 전공하고 충무로에서 수년 동안 조감독 생활을 했습니다. 중등학교 교사를 거쳐 27년 동안 EBS에서 TV 프로그램을 제작했으며, 방송본부장직을 끝으로 2005년에 퇴직했습니다. 평소 환경, 생태, 생명 등에 관심을 갖고 있어 〈하나뿐인 지구〉를 기획·제작하게 된 것을 뿌듯하게 생각하고 있습니다. 1989년부터 지금까지 한살림 운동에 참여하고 있으며, 2006년 공정무역 다큐멘터리 〈아름다운 거래〉를 제작한 것을 계기로 2007년부터 한국공정무역연합 대표로 공정무역가게 울림을 운영하고 있습니다.

세더잘 시리즈 01

세상에 대하여 우리가 더 잘 알아야 할 교양

공정무역, 왜 필요할까?

아드리안 쿠퍼 글 | 전국사회교사모임 옮김 | 박창순 감수

내인생의책

차례

추천의 글 · 6
책을 읽을 학생과 학부모님께 · 8
머리글 · 12

1. 왜 공정무역이 중요할까요?   17
    공정무역이 무엇인지 알아보고 왜 중요한지 살펴봅니다.

2. 슈퍼마켓에서 세계 여행을 해요   24
    우리가 일상적으로 먹는 음식들이 어디서 왔으며
    식량 교역이 어떻게 불공정무역이 될 수 있는지 관찰합니다.

3. 내가 입는 옷을 누가 만들까요?   34
    우리가 입는 옷들이 어디서 왔는지,
    이것을 만드는 사람들의 삶에 대해 살펴봅니다.

4. 전자제품과 보석의 재료는 어디서 날까요?   41
    보석과 콜탄이 어디서 채굴되며
    왜 많은 문제가 발생하고 있는지 알아봅니다.

5. 왜 사람을 해치는 무기를 사고팔까요?   48
    합법적 혹은 불법적인 무기 거래에 대해서 살펴보고
    세계 공동체에 미치는 악영향을 생각해 봅니다.

6. 아플 때 약을 구할 수 없다면?   53
    의약품의 개발과 생산 과정에 대해 자세히 살펴보고
    세계 무역이 의약품을 어떻게 통제하는지 알아봅니다.

7. 사람을 해치는 불법 마약 거래   60
불법적인 마약 거래가 이루어지는 국제 교역에 대해 살펴봅니다.

8. 지구를 돌아다니는 돈   65
투자의 긍정적 효과와 투자의 실패 때문에
발생할 수 있는 문제들에 대해 정리해 봅니다.

9. 국경을 넘어 물건을 자유롭게 사고파는 게
좋기만 할까요?   72
오늘날 세계 무역에 관한 주요한 논쟁들을 알아봅니다.

10. 무역도 전쟁이라고요?   86
한 국가가 국제 무역 질서를 어지럽힐 때
발생할 수 있는 문제들을 자세히 살펴봅니다.

11. 국가의 장벽을 넘은 기업들   92
세계 여러 나라에서 독점적 지위를 가진
다국적 기업들에 대해 관찰합니다.

12. 착한 소비에 참여하기   100
전 세계에서 일어나는 공정무역 운동의 움직임에 대해 살펴보고
어떻게 모든 인류 공동체에 확대할 수 있을지 알아봅니다.

한눈에 보는 무역의 역사 · 110
공정무역 관련 단체 · 114
공정무역 관련 용어 풀이 · 122
찾아보기 · 124

추천의 글

_ **박창순**(한국공정무역연합 대표)

여러분도 축구나 농구와 같은 운동을 좋아하지요? 학교 운동장에서 땀 흘려 뛰기도 하고 월드컵 축구 경기를 보면서 환호성을 지르며 즐거움을 맛보겠지요. 이처럼 운동 경기가 우리에게 재미와 기쁨을 주는 것은 정해진 규칙대로 '페어플레이'를 하기 때문입니다. 만약 페어플레이를 하지 않거나 대학생 팀과 초등학생 팀이 경기한다면 어떻게 될까요? 불공정한 경기 내용과 뻔한 결과 때문에 아무런 흥미도 느낄 수 없을 것입니다.

무역도 마찬가지입니다. 공정한 무역은 재미있는 운동 경기와 같겠지만, 불공정한 무역은 경제적 약자를 생존의 위기에 처하게 합니다. 또한, 경제 선진국의 국민은 화석 에너지의 과다 소비로 풍요가 넘치는 생활을 하며 기후변화와 같은 환경 문제를 일으킵니다. 반면에 개발도상국의 국민은 기아와 빈곤 그리고 자연재해로 고통을 겪습니다. 이러한 현상은 지구 공동체의 평화를 위태

롭게 합니다. 그러므로 경제적 약자를 배려하고 물질보다 지구 환경을 생각하며 사람의 가치를 소중히 여기는 공정무역을 보다 확산해야 합니다.

이 책 《공정무역, 왜 필요할까?》에는 학교에서 교과서로 배우기 어려운 산지식이 담겨 있습니다. 무역의 역사에서부터 경제 선진국의 다국적 기업에 유리한 무역 관행이 개발도상국의 빈곤 문제를 일으키는 현상 등 다양한 사례를 통해 공정무역의 중요성을 일깨워 줍니다.

여러분은 이 책을 통해 치열한 경쟁으로 숨 막히는 우리 사회로부터 시선을 돌려 새로운 세계를 보면서 가슴이 열리는 경험을 하면 좋겠습니다. 그래서 나, 우리 가족, 우리나라만 잘살면 된다는 이기주의를 벗어나 모두가 더불어 사는 방법을 학습하고 실천하기를 바랍니다. 친구, 가족, 친지 등 주변에 공정무역의 의미와 가치를 알리고 필요한 물건을 살 때마다 공정한 세상을 위해 투표하는 마음으로 생산자에게 공정한 가격을 치르고 노동 착취나 환경 파괴를 하지 않고 생산한 제품인지 따져 봐야 합니다.

지구와 인류의 미래는 여러분의 올바른 가치관과 인간애에 달렸습니다. 공정무역은 사람과 지구의 지속 가능한 생존을 위해 선택할 수밖에 없는 경제생활로 운동 경기에서의 페어플레이와 같습니다. 이 책이 모든 인류가 평화와 행복을 누리기 위한 공정한 세상으로의 첫걸음이 되기를 빕니다.

책을 읽을 학생과 학부모님께

　공정무역에 대해 들어 본 적이 있나요? 아마도 이 책을 읽는 여러분은 공정무역에 대해 한 번쯤은 들어 봤을 겁니다. 그렇다면 공정무역이란 도대체 무엇이고 왜 필요한 걸까요?
　여러분이 자주 먹는 달콤한 초콜릿과 축구 경기를 할 때 쓰는 축구공이 어디서 만들어졌는지 생각해 보면 공정무역이 그렇게 어렵고도 먼 이야기가 아니라는 걸 알 수 있을 거예요.
　우리가 매일 쓰는 물건들은 우리나라에서 만들어진 것도 있지만, 배나 비행기를 거쳐 먼 나라에서 수입한 것도 많아요. 초콜릿과 축구공도 대부분 외국에서 원재료나 만들어진 제품이 우리나라에 들어온 것입니다. 외국에서 필요한 물건을 우리나라에서 만들어 팔기도 하죠. 이렇게 서로 다른 나라 사람들끼리 물건이나 도움이 되는 일(서비스)을 사고파는 것을 무역이라고 합니다.
　그러나 이 무역이 항상 공정하게 이뤄지는 건 아닙니다. 때로 거대한 기업이나 힘이 센 강대국은 많은 이익을 남기기 위해 불법으로 거래를 하기도 하고, 원재료를 생산하는 농민이나 광부들, 가난한 나라의 노동자들에게 정당한 대가를 주지 않고 아주 힘들고 위험한 일을 시키기도 합니다. 게다가 사람을 해치는 무기나 마약과 같은 무시무시한 것이 거래되기도 하지요.

우리가 먹는 초콜릿과 축구공에도 이런 비밀이 숨겨져 있습니다. 초콜릿의 원료가 되는 카카오는 대부분 머나먼 아프리카에서 생산됩니다. 아프리카에서는 아직 열두 살도 되지 않은 어린이들이 하루 12시간 넘게 뜨거운 햇볕 아래서 카카오 농사를 짓습니다. 물론 온종일 일을 하느라 학교도 다닐 수 없겠지요. 그리고 일을 게을리했다고 매를 맞거나 밥도 제대로 먹지 못하면서 노예처럼 혹사당하기도 합니다. 그렇게 해서 이들이 받는 돈은 얼마나 될까요? 우리가 1000원짜리 초콜릿 한 개를 살 때, 카카오 농민에게 돌아가는 돈은 겨우 20원 정도라고 합니다. 초콜릿을 팔아서 생기는 대부분의 돈을 거대한 초콜릿 회사나 카카오를 판매하는 중간 상인들이 나눠 갖기 때문입니다. 그래서 이 달콤한 초콜릿을 '아프리카 아이들의 눈물'이라고 부르는 사람들도 있습니다. 그 아이들은 정작 자신이 일해서 만든 달콤한 초콜릿을 한 번도 맛본 적이 없기 때문이지요.

축구공을 만드는 것도 마찬가지입니다. 둥근 축구공 한 개를 만들려면 32개의 조각을 붙이기 위해 사람의 손으로 수백 번의 바느질을 해야 해요. 전 세계에서 사용하는 축구공의 대부분은 먼 나라 파키스탄에서 만들어져요. 이곳에서도 어린이들이 학교에 다니지 못하고 온종일 바느질을 하느라 손에 지문이 없어질 정도로 일하고 있어요. 게다가 한 개 10만원도 넘는 축구공을 만들어서 받는 돈은 겨우 150원 정도라고 합니다. 그리고 이 아이들 역시 자기 손으로 축구공을 만들지만 한 번도 축구공을 차 본 적이 없지요. 이렇게 불공정한 거래 때문에 가난한 나라에서는 많은 사람들이 고생하며 살고 있습니다.

바로 이런 문제를 해결하기 위해 공정무역이 필요한 거예요. 공정무역이란 단순히 가난한 사람들을 돕자는 것이 아닙니다. 가난한 나라 사람들이 안정적인 일자리를 갖고 자신이 한 일에 대한 정당한 대가를 받게 하려면, 또한 어린이들이 제대로 된 교육을 받고 굶주림과 노동에 혹사당하지 않게 하려면 바로 공정한 무역과 공정한 거래가 필요합니다.

가난한 나라의 사람들이 지금까지 정당한 대가를 받지 못하고 일을 했다면 우리는 어떻게 해야 할까요? 우리는 매일매일 물건을 사서 씁니다. 그런데 우리가 물건을 살 때, 조금만 더 생각해 본다면 우리는 세상을 더 나은 방향으로 바꾸는 일에 참여할 수 있어요. 물건을 살 때마다 그 물건이 농민과 노동자에게 정당한 대가를 주었는지, 어린이에게 가혹한 노동 착취를 하지는 않았는지, 또한 환경을 파괴하며 만든 물건은 아닌지를 생각해 볼 수 있지요.

  이 책을 통해 우리는 무역이 전 세계 사람들과 우리의 삶에 미치는 영향을 더 잘 알게 될 겁니다. 실제로 공정무역은 많은 사람의 삶을 긍정적으로 바꿨습니다. 앞으로 더 많은 사람의 인간다운 삶을 위해서라도 우리는 공정무역을 더욱더 발전시켜야 합니다.

  전 세계에는 공정한 무역을 위해 만들어진 많은 단체들이 있어요. 이 단체들의 활동을 알게 된다면 우리는 사람과 자연을 파괴하지 않는 착한 소비, 아름다운 거래에 한발 더 다가서게 될 거예요. 그리고 우리가 생활 속에서 실천할 수 있는 작은 일들이 모이면 세상은 더 아름다워질 거예요. 그래서 공정무역은 더 많은 사람이 건강하고 행복하게 살아갈 수 있는 미래를 열기 위해 우리가 더 잘 알아야 할 교양입니다.

머리글

인류는 수천 년 동안 교역해 왔습니다. 비단, 종교, 음식 그리고 음악이 교역로를 통해 세계 곳곳으로 퍼져 나갔답니다. 오늘날 우리가 먹는 음식과 입는 옷 그리고 TV 프로그램까지 모든 것이 무역을 통해 우리 삶의 일부가 된 것이지요.

무역은 삶의 수준을 높여 주고 많은 사람들에게 이익을 가져다주었습니다. 무역은 일자리를 만들어 내고 국가에 부를 가져다줄 수도 있어요. 이것은 우리 인간의 삶에 아주 큰 이익이 됩니다.

무역은 착취의 수단이 될 수도 있다. 일부 지역에서는 어린이들이 열악한 환경에서 노동을 강요받고 있다. 아주 적은 돈만이 이들 어린 노동자들의 몫이다.

하지만, 무역은 불공정할 수도 있어요. 불공정무역은 인간의 기본적인 권리마저도 빼앗아 갈 수 있어요.

이 책은 이러한 중요한 문제에 대한 답을 얻기 위한 것입니다. 공정무역이란 무엇일까요? 왜 무역은 때로 불공정할까요? 이에 대해 우리는 무엇을 할 수 있을까요?

오늘날 빠르고 효율적인 인터넷, 통신과 교통의 발달로 전 세계 사람들은 그 어느 때보다도 쉽게 소통하며 무역할 수 있다.

무역의 세계화

오늘날 사람이나 물건은 쉽고 빠르게 전 세계를 이동할 수 있지요. 수천 킬로미터나 떨어져 있어도 단 몇 초 만에 이메일과 전화로 의사소통이 가능합니다. 그래서 사람들은 세계를 상대로 매우 쉽게 무역을 진행할 수 있게 되었어요. 이것을 '무역의 세계화'라고 합니다.

세계화는 무역의 양식까지도 바꾸고 있습니다. 사람들은 더는 지역의 농민이나 생산자로부터 식료품을 구할 필요가 없어졌어요. 식료품은 냉장 장치가 된 대형 화물 트럭과 비행기, 선박에 실려 세계 어디로든지 신선하게 공급되고 있습니다. 기업들은 인건비가 저렴한 나라로 거점을 옮겨 가며 사업을 펼치고 있어요. 예를 들어, 비용 절감을 위해 전화 상담실이나 고객 지원 관련 업무를 영국에서 인도로 옮겨 가기도 합니다.

무역은 전혀 새로운 것이 아니다

인류는 항상 교역해 왔습니다. 로마 시대 때 고대 실크 로드는 로마의 고대 문명을 중국에 전달했고, 중국의 비단은 6500킬로미터를 이동해 유럽으로 전해졌어요. 모직물과 금, 은이 유럽에서 중국으로 이동했지요. 동아프리카와 아라비아의 상인들은 인도양과 홍해 사이를 바람에 의지한 보트를 타고 다니면서 향신료, 코끼리의 엄니인 상아 그리고 값비싼 보석들을 인도네시아와 인도 반도에서 아프리카와 아라비아로 전했어요. 심지어 이슬람교와 음악이 사하라 사막의 골짜기를 넘어가는 교역로를 통해 아프리카 서부로 전달되었듯이 아

인류는 아주 오랫동안 서로 교역해 왔다. 오늘날의 세계 무역은 새로운 문제를 일으키고 있다.

프리카 동부의 이슬람 문화도 교역을 통해 발생했어요.

무역 용어

무역(trade)	교환을 위해 상품과 서비스를 사고파는 것
상품(goods)	생산, 재배되었거나 채굴된 형태의 것들로 면화, 농산물, 석유 그리고 금속류 등
서비스(sevices)	은행 업무, 의료나 통신 같은 형태로 제공하는 일
수입품(imports)	다른 나라로부터 사들인 상품이나 서비스
수출품(exports)	다른 나라로 판매한 상품이나 서비스

공정성에 대한 판단

우리가 새 양말 한 켤레나 새 휴대 전화의 포장을 벗길 때 어떻게 이들 제품이 공정한 무역에 의해 생산된 것인지 판단할 수 있을까? 만약에 이 양말과 휴대 전화를 생산하기 위해 고용된 사람들이 심하게 나쁜 대우를 받고 있다는 것을 알게 되었다면? 더 나아가 이 사람들이 아예 이러한 일자리라도 없다면 더욱더 나쁜 상황에 놓이게 될 거라는 것을 알게 되었다면?

일상생활에서 이런 질문들을 계속 묻고 답하기란 매우 어려운 일이다. 하지만 세계의 많은 정부와 기업 그리고 개인들이 이 질문에 연관되어 있다. 이들은 자신들의 무역이 얼마나 공정했는지

스스로 판단해 봐야만 한다. 과거 그 어느 때보다 오늘날 우리는 얼마나 무역이 공정한가에 따라 삶이 좌우되는 많은 사람과 밀접하게 관련되어 있다.

전화기 안에 뭐가 있는 거지?

우리는 무역 덕분에 우리 곁에 있게 된 일상적인 물건에 대해 당연한 것으로 여기곤 한다. 휴대 전화 하나를 생산하기 위해서는 여러 나라에서 제공하는 원재료가 필요하다. 휴대 전화는 플라스틱과 콜탄, 실리콘, 구리, 금, 팔라듐, 백금, 니켈 같은 금속들을 원료로 제작된다. 휴대 전화는 원재료 생산지로부터 우리가 사는 지역의 휴대 전화 판매장까지 긴 여정을 통해 공급되고 있는 것이다.

1. 왜 공정무역이 중요할까요?

　세계 인구의 5분의 1은 살아가는 데 필요한 기초적인 것들을 확보하지 못하고 있습니다. 세계 인구 가운데 15억 명은 일정한 주거지가 없으며, 10억 명은 깨끗하고 안전한 물이 없어 고생하고, 8억 명은 영양실조로 고통을 겪고 있습니다. 가난은 단지 얼마의 돈을 벌고 있느냐 하는 수준의 문제가 아니라 교육, 의료 그리고 안정된 직업을 확보할 기회를 얻을 수 있는가 하는 문제이기도 합니다. 빈곤 때문에 나타나는 불안정한 삶과 기회의 박탈은 세계적으로 공통적인 문제입니다. 그러면 공정한 무역이 어떻게 이러한 상황에 도움이 될 수 있을까요?

전 세계에서 수백만 명의 사람들이 절망적인 빈곤 속에 살아가고 있다.

가난에서 벗어나게 하는 무역

무역은 투자를 일으키고, 일자리를 만들며 교육 환경과 의료 시설을 개선하도록 합니다. 더 많은 돈이 사람들의 호주머니 속으로 들어가서 이들로 하여금 생활필수품을 살 수 있게 하지요.

무역은 빈곤으로부터 벗어날 수 있는 방법 가운데 한 가지입니다. 한국인은 평균적으로 35년 전보다 아홉 배나 부유해졌어요. 같은 기간에 한국의 경제 전체에서 수출이 차지하는 비중은 2.5%에서 42%로 성장하였어요.

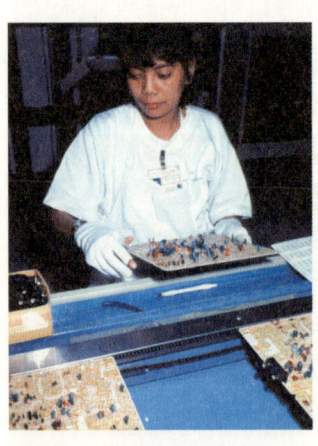

만약 아프리카와 남아메리카 그리고 동남아시아의 국가들에서 수출이 1% 증가한다면 1억 2800만 명이 절대적인 빈곤에서 벗어날 수 있다.

어떤 이들은 가난을 극복하는 데 한 나라의 무역 활동을 돕는 것이 무상 원조보다도 더 효과가 있다고 주장합니다. 무상 원조는 짧은 기간에 사용하기에는 효과적인 해결책입니다. 그러나 불행하게도 무상 원조는 때로 단 한 명의 국민에게도 기대했던 혜택을 주지 못하고 부패한 정부 관리들의 주머니 속으로 들어가곤 했어요. 또한, 활발한 무역을 통해 얻게 되는 수익은 다른 나라들이 기꺼

이 주고 싶어 하는 무상 원조보다 훨씬 크답니다.

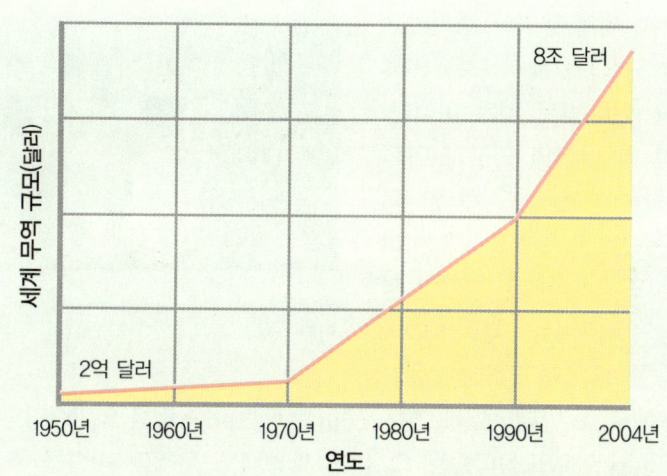

제2차 세계대전 이후, 세계의 무역량은 엄청나게 증가하였다. 일부 국가는 혜택을 봤지만 많은 가난한 나라들은 그러지 못했다. 수백만 명의 사람들이 아직 빈곤 속에서 살아간다.

세계 무역의 성장

지난 50년간 무역의 양은 엄청나게 증가했어요. 제2차 세계대전이 끝난 1945년 이후 서유럽 나라들, 북아메리카, 호주, 일본 등을 포함한 여러 나라에서 무역을 통해 사람들의 생활수준이 높아졌어요. 우리는 그 어떤 시대보다도 많은 상

불평등한 수혜

비록 세계 무역이 증가하고 부유해졌다고 해도 모든 인류가 혜택을 받은 것은 아니다. 10억 명 이상의 인구가 아직도 하루에 1달러도 채 안 되는 돈으로 살아가고 있다. 이것은 또 거의 매년 1100만 명 이상의 아이들이 충분히 예방 가능한 홍역과 감염성 설사 때문에 다섯 번째 생일도 맞지 못하고 죽는다는 것을 의미한다.

화려한 고층 건물 뒤에는 가난이 숨겨져 있다.

오늘날 개발도상국들은 그 어느 때보다도 무역에 비중을 두고 있다. 특히 중국, 방글라데시, 멕시코는 빠르게 성장하는 나라들이다. 그러나 멕시코가 급속히 이루어 낸 세계적인 수준의 제조 능력과 기술 수출에 대한 성과는, 기대와 달리 그리 성공적인 것이 못 되었다. 멕시코가 제조업에서 얻은 수익은 전자 제품을 판매하는 많은 상인과 기업에 돌아갔다. 왜냐하면, 이 전자 제품들이 공장에서 생산되어 나올 때의 가치가 상점에서 포장되어 팔려 나갈 때의 가치와 비교해서 매우 낮기 때문이다. 공장에서 판매상으로 넘어갈 때 제품의 가치는 더 커지는데 이를 '부가 가치'라고 한다. 상품에 부가되는 가치는 이 상품을 하나의 품목으로 만들고, 부품을 제조하고, 포장하고, 운송하고, 광고하는 사람들에게 지급하는 금액을 반영해서 덧붙여진다.

품과 서비스의 무역이 이루어지는 시대에 살고 있어요. 오늘날 세계의 무역은 매년 8조 달러 이상 이루어지고 있습니다. 무역이 늘어나는 만큼 개인과 기업 그리고 국가도 부유해지고 있답니다.

기적의 성장

중국은 최근에 무역을 통해 기적적인 경제 성장을 거둔 나라예요. 1980년부터 2000년까지 매년 중국의 경제 규모는 평균 10% 이상 성장을 이루었어요. 오늘날 세계에 유통되고 있는 모든 장난감의 4분의 1, 옷과 신발의 8분의 1 이상이 중국에서 생산하여 전 세계로 수출한 것이랍니다. 중국인들의 평균 소득은 20년 전보다 여섯 배나 더 늘어났어요.

환경 비용

세계 무역에는 연료가 필요합니다. 공장, 자동차, 비행기, 선박, 트럭 들은 기름과 같은 화석 연료 없이는 움직일 수 없지요. 무역이 늘어난다는 것은 언젠가 고갈될

세계 무역의 성장은 환경에 많은 문제를 일으켰다. 환경은 세계 무역이 증가해도 반드시 보호되어야 한다.

1. 왜 공정무역이 중요할까요?　**21**

화석 연료의 사용도 늘어난다는 것을 뜻합니다. 지금 세계는 과거 30년 전보다 에너지를 더 많이 사용하고 있는데, 에너지 사용량은 무려 70%나 증가했어요.

가난이란 무엇인가?

가난은 배고픔이다. 가난이란 보호 받을 곳이 없다는 것이다. 가난이란 아파도 의사를 만날 수가 없다는 것이다. 가난은 학교에 다닐 수 없다는 것이다. 가난은 직업이 없다는 것이며 동시에 미래와 현재의 삶에 대해 두려움을 느낀다는 것이다. 가난은 무력함을 느끼는 것이고, 자기 의견을 표현할 수 없다는 것이며, 자유가 부족하다는 것을 뜻한다.

가난을 벗어나기 위해서 개발도상국들은 더 빨리 성장해야 하고, 그 성장으로 가난한 이들에게 혜택을 주어야 한다. 무역은 경제 성장을 촉진해 가난한 이들에게 혜택이 돌아가도록 하여 가난을 줄이는 데 중요한 역할을 할 수 있다.   (출처: 세계은행)

지구 온난화

세계자연기금, 즉 WWF(World Wide Fund for Nature)에 따르면 1초에 이산화탄소 700톤이 지구에 쏟아지고 있다고 합니다. 이 양의 많은 부분이 세계 무역으로 발생하지요. 상황을 더욱 악화시키는 것은, 무역하기 위해 이산화탄소를 정화해 줄 많은 숲과 삼림을 파괴해야 한다는 사실입니다. 이산화탄소의 축적은 세계에 기후 변화라는 재앙을 가져올 수 있어요. 환경을 보호할 대책을 마련하지 않은 채, 계속 무역을 증가시킨다면, 지구와 우리 자신에게 돌이킬 수 없는 피해가 돌아올 것입니다.

노예 무역

대서양의 노예 무역은 1400년대 후반에 시작되었다. 동아프리카와 서아프리카에서 수많은 흑인이 붙잡혀 아메리카로 실려 갔다. 이들 노예 100만 명이 비좁은 배로 대서양을 건너가며 질병으로 죽고 말았다.

바다를 건너 마침내 육지에 도착하자 상황은 더 나빠졌다. 카리브 해 연안과 브라질 그리고 지금은 미국 땅이 된 일부 지역으로 가서 면화, 담배, 쌀, 사탕수수 농장에서 힘든 노동을 강요당했기 때문이다. 2800만 명 이상의 흑인들이 노예로 팔려 갔으며 노예 무역은 1800년대 중반에 이르러서야 폐지되었다.

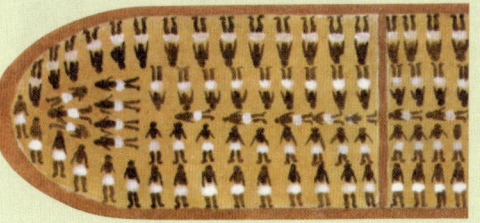

흑인 노예들은 배에 빼곡히 실려 아메리카로 팔려 갔다.

2. 슈퍼마켓에서 세계 여행을 해요

 슈퍼마켓의 통로를 걸으면서 세계를 여행하고 있다고 상상해도 될 것 같아요. 가나에서 생산된 초콜릿, 멕시코에서 제조된 시리얼, 서인도 제도에서 자란 바나나, 스페인에서 재배한 토마토 등 세계 곳곳에서 온 식품들이 상점의 판매대를 꽉 채우고 있습니다. 지금 우리가 먹는 식품들은 생산지가 전 지구촌으로, 수천 킬로미터를 여행하여 마침내 우리의 식탁에 도착한 것입니다. 이 식품의 최초 생산자들은 정당한 보상을 받고 있는 걸까요?

우리가 슈퍼마켓에서 사는 식품들은 세계 곳곳에서 온 것이다.

대형 슈퍼마켓

전국 곳곳에 체인점을 둔 대형 슈퍼마켓은 지구촌의 식품 공급을 좌지우지합니다. 이들은 강한 구매력으로 협상할 수 있었기

대형 슈퍼마켓을 가득 메운 식품들

때문에 성장을 이루었어요. 이러한 거래 능력 덕분에 소비자들에게 싼 가격에 물건을 판매할 수 있었어요. 대형 슈퍼마켓들은 때로 공급자들에게 정당한 대가를 치르지 않았던 거지요.

소비자의 힘

우리는 모두 소비자입니다. 우리는 매일 여러 가지 제품을 소비하지요. 시리얼 한 그릇을 먹거나 양말 한 켤레를 사고 핫 초콜릿 한 잔을 마시면서 텔레비전 프로그램을 보는 것, 이 모두가 소비입니다.

우리는 세계의 경제 안에서 이루어지는 무역에 영향력을 미칠 수 있어요. 이것이 바로 '소비자의 힘'이지요. 우리가 무엇인가를 구매할 때, 우리가 좋아하고 우리가 원하고 또 때로 필요한 이것들을 누가 공급하는지 이야기해 보아요. 왜냐하면, 우리 소비

자는 힘이 있고, 이 힘으로 물건들이 공정하게 교역되도록 영향을 미칠 수 있기 때문입니다.

달콤한 초콜릿

우리가 초콜릿 바를 먹든, 초콜릿 음료를 마시든, 초콜릿으로 만든 먹을거리는 카카오 씨앗으로 만들어진 거예요. 초콜릿은 약 2천 년 전 남아메리카의 마야인들이 열대우림 지역에서 카카오 열매를 채취하고 그 씨앗을 갈아 몹시 쓴 음료를 만들 때 사용하던 것이었어요. 이것이 오늘날 거대한 사업 영역이 된 것입니다. 우리가 슈퍼마켓의 진열대에서 보는 캐드버리 스윕스, 엠앤엠, 마스, 허쉬 그리고 로운트리 같은 큰 기업들이 초콜릿 사업을 좌지우지하고 있지요. 해마다 거의 200만 톤의 카카오가 생산됩니다. 서아프리카의 코트디부아르는 전 세계 물량의 절반 이상을 생산하는 세계 최대의 카카오 생산국이에

세계 최대의 카카오 생산국, 코트디부아르

요. 카카오 무역은 코트디부아르에 어떤 혜택을 주고 있을까요?

초콜릿 무역의 쓴맛

2002년 국제적도농업기구(IITA)의 조사에 의하면, 코트디부아르, 가나, 나이지리아, 카메룬의 카카오 농장에서 9세에서 12세 사이의 어린이 약 28만 4000명이 아침 6시부터 저녁 6시 반까지 필요한 보호 장비 없이 농약과 살충제를 뿌리고 마체테라는 긴 칼을 가지고 카카오 열매를 따는 위험한 작업을 하고 있어요. 이 어린이들이 400개 정도의 카카오 열매를 따야 1파운드의 초콜릿을 만들 수 있다고 합니다.

카카오 농장에서 일하고 있는 어린이들 가운데 66%가 학교에 다니지 못하고 64%는 14세 미만의 어린이들이에요. 그리고 이 어린이들 가운데 1만 2500여 명은 농장에 친척이 없고 인근 지역에 연고가 없어 인신매매로 팔려 오기도 했어요.

카카오를 재배하는 농민들은 카카오가 유일한 수입원이기 때문에 기업들이 공정한 가격을 지급하는 것이 중요하다.

미국에서는 해마다 2억 4000만 달러어치의 카카오를 코트디부아르에서 수입하고 있어요. 이 때문에 미국인들이 먹는 초콜릿 제품 중 일부는 이러한 아동 노동과 관련이 있을 거예요.

더 자세히 알아보기

코트디부아르의 아동 착취 노동이 드러나 여론이 들끓었을 때 세계의 카카오 가격은 동시에 최저 수준으로 떨어졌습니다. 코트디부아르의 수상은 카카오 생산에 아동의 노동력이 동원된 것은 부분적으로 거대 기업들의 잘못이라고 지적했어요. 그는 아동 노동을 근절하기 위해서는 거대 기업들이 농민들에게 더 나은 카카오 가격을 지급해야 한다고 주장했습니다.

불안정한 가격

카카오는 코트디부아르의 많은 농민에게 유일한 수입원이에요. 카카오 가격이 낮아지면 이 사람들은 끼니를 잇는 것조차 어렵게 되지요. 급락했던 카카오 가격은 다시 평상 수준으로 돌아왔어요.

서아프리카 국가들과 초콜릿 가공 회사들은 아동 노동이 더는 발생하지 않도록 노력하겠다고 약속했어요. 그렇지만, 아직도 서아프리카 지역에서 아동 노동이 벌어지고 있다는 보도가 있어요.

커피의 가격

커피콩의 가격은 매일 달라집니다. 다른 모든 상품처럼 커피의 값도 얼마나 많은 양이 공급되고 얼마나 많은 양이 소비되는지에 따라 결정되지요. 만약 어느 해에 커피콩의 수확량이 늘어나 공급이 증가하면 가격은 하락할 것입니다. 만약 소비자가 커피를 많이 소비하게 되면 수요가 늘어나서 가격의 상승을 가져올 것입니다. 이것이 바로 우리가 잘 아는 '수요와 공급의 법칙'이지요.

2000년에서 2004년 사이에 커피 가격은 50%나 폭락했어요. 기존에 커피 농사를 짓던 나라들보다 더 많은 나라가 커피 생산에 참여해 벌어진 일이었어요. 커피 공급량이 늘어

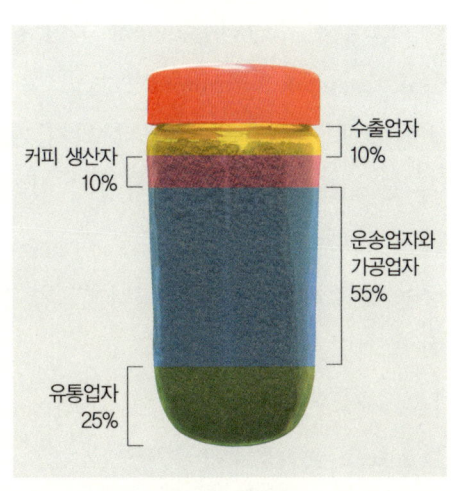

우리가 커피 한 병을 살 때 낸 돈은 생산자, 수출업자, 운송업자, 가공업자, 유통업자 들이 나누어 갖는다. 위의 그림은 단계별로 각자에게 얼마씩 배분되는지를 보여 준다. 이 그림을 보면 생산자의 몫이 얼마나 적은지 알 수 있다.

나 커피 가격이 내려간 것이었지요. 개발도상국의 농민들은 과거 어느 때보다도 생계를 감당하기 어렵다는 것을 깨닫게 되었고, 세계의 커피 생산자 2500만 명이 모두 같은 위험에 처해 있음을 알게 되었어요.

정부의 보호

불공정한 무역으로 피해를 보는 것은 개발도상국만이 아닙니다. 어느 나라든지 잘살려면 식량 공급이 우선입니다. 그래서 유럽연합(EU)에 속한 각국 정부는 공동농업정책, 즉 CAP(Common Agricultural Policy) 협정을 맺었어요. 이 협정은 농민들에게 지원금을 주어서 최저 가격을 보장해 주려는 데 목적이 있어요. 농민들이 수익성이 없어 시장 논리에 따라서는 재배할 수 없는 쌀과 같은 특정 작물을 재배할 수 있도록 일정한 자금을 보조해 주는 것입니다. 그렇다면 정부가 보조금을 주는 것이 좋기만 한 일일까요?

정부 보조금은 정당한 걸까?

유럽의 정부들은 해마다 300억 유로를 농업 보조금으로 사용하고 있어요. 그러나 모든 농가가 지원을 받는 것은 아닙니다. 유럽의 농민들은 약 40%가 영세농이지만 이들이 생산하는 농산물의 양은 전체의 8%이기 때문에 전체 정부 보조금 중 8%만이 이들에게 돌아가고 있어요. 대규모 농장들은 영세농들보다 더 많은 보조금(92%)을 얻고, 그 돈으로 최신 장비를 사서 더 낮은 비용으로 더 효율적으로 식량을 생산할 수 있게 되지요. 그래서 경쟁력 있는 대규모 농장들은 더욱 경쟁력이 세지고 영세농은 경쟁력을 갖추지 못해 손해를 보게 되는 거지요.

정부 보조금을 받는 유럽의 대규모 농장

우유 호수와 설탕 산

유럽의 낙농업자들은 분유, 요구르트, 버터 같은 유제품들을 생산하는 데 수십억 달러의 보조금을 받고 있습니다. 이것은 마치 유럽의 소들에게 하루에 2달러를 지급하는 것과 같답니다. 농민들은 그들이 무엇을 생산하든지, 또 유럽인들이 유제품의 소비를 원하지 않더라도 일정한 보조금을 보장받지요. 그래서 유럽에서는 유제품이 과잉 생산될 수도 있어요. 지나치게 많이 생산된 물품은 다른 나라에 싼값에 팔게 되지요.

　유럽 국가들은 또한 설탕도 많이 생산합니다. 2003년에만 4800만 톤의 설탕이 세계 시장으로 팔려 나갔어요. 일부 설탕은 생산지에서 팔리는 가격보다 훨씬 더 저렴한 가격으로 세계 시장에 팔렸어요. 이런 상황은 공정한 것일까요?

덤핑

　잉여 생산량이 다른 시장에서 싼 가격에 팔릴 때 우리는 이것을 '덤핑'이라고 부릅니다. 덤핑은 전 세계의 생산자들에게 지급해야 할 정당한 가격을 강제로 낮춥니다. 모잠비크의 사탕수수 농장은 직원들을 해고하여 비용을 절감해야 하는 상황에 놓여 있어요. 그렇게 해야만 가격 경쟁력을 갖출 수가 있어요. 이렇게 해서 실직한 사람들은 소비를 줄이게 되고, 사람들이 소비를 줄이면 다른 경제 영역도 불황으로 이어지게 됩니다. 설탕 산업에 크게 의존하는 모잠비크 같은 나라에서는 설탕 덤핑의 폐해가 온 나라를 가난으로 몰아넣을 수도 있어요.

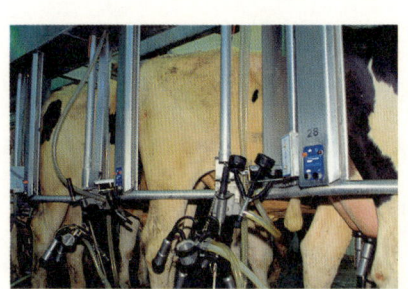

우유를 생산하는 유럽의 최신식 축사. 유럽연합의 덤핑은 한두 가지 상품이나 작물에 의존하는 나라들에 파괴적인 결과를 낳을 수 있다.

미국 보스턴에서의 저녁 식사

식사할 때 여러분의 접시를 한번 들여다보라. 그리고 음식 재료들이 실제로 어디에서 왔을지 생각해 보자. 단 한 번의 식사를 위해 수천 킬로미터를 여행해 왔을 수도 있기 때문이다. 아래 사진은 이 음식 재료들이 미국인들을 위해 얼마나 먼 거리를 이동해 왔는지 보여 준다.

멕시코의 브로콜리
3654킬로미터

캘리포니아의 당근
4180킬로미터

사우스캐롤라이나의 닭고기
1270킬로미터

텍사스의 양배추
2720킬로미터

아이오와의 감자
1860킬로미터

중국의 콩
1만 830킬로미터

총 2만 4514킬로미터

3. 내가 입는 옷을 누가 만들까요?

전 세계 의류 산업의 가치는 연간 3500억 달러입니다. 그러니 대표적인 의류 회사인 구찌, 베르사체 그리고 버버리 같은 회사들의 화려한 패션쇼에 사람들의 시선이 모이는 것은 놀랄 만한

유명 의류 회사의 패션쇼에는 사람들의 시선이 집중된다.

일이 아니지요. 나이키, 갭 같은 회사들도 매년 수십억 달러를 광고에 쏟아붓고 있어요. 소비자들의 지속적인 소비를 이끌어 내기 위한 확실한 방법은 경쟁이 가능하도록 가격을 유지하는 것이에요. 이를 위해 의류 회사들은 값싸게 의류를 생산하는 방법을 찾고 있어요.

패션 산업의 희생자들

세계 최대의 섬유 생산 국가였던 독일에서는 지난 30년 동안 수만 명의 사람들이 직장을 잃었어요. 영국

공장의 이동

지난 30년 동안, 의류 생산은 영국과 미국에서 중국이나, 방글라데시, 캄보디아, 스리랑카 등의 나라로 옮겨 왔다. 이들 나라에서는 노동자들의 임금이 영국이나 미국보다 훨씬 낮다. 값싼 노동력은 곧 생산 비용의 절감을 의미한다. 의류 회사들은 판매 가격을 낮출 수 있고 더 많은 이익을 창출한다. 이러한 '생산의 세계화'는 가난한 나라의 노동자 수백만 명에게 중요한 수입의 원천이 된다. 그렇지만, 선진국에서는 많은 공장이 문을 닫았고, 노동자들은 일자리를 잃었다.

섬유 산업은 과거 유럽에서 규모가 큰 산업이었다. 그러나 지난 30년간 수백만 개의 공장이 문을 닫았다.

도 마찬가지로, 같은 기간에 의류와 섬유 산업에 종사하는 인구가 100만 명 이상이었던 것이 약 20만 명으로 줄어들었어요. 막스앤스펜서 같은 영국 최대의 소매상점은 예전에는 영국 내에서 90%의 물품을 조달했어요. 현재는 유럽 바깥의 모로코와 동남아시아의 나라들에서 만든 의류를 공급받고 있어요. 그럼으로써 그 나라들의 경제를 부양하는 셈이지요.

너무 적은 임금, 너무 긴 노동 시간

오늘날 세계 최대의 의류, 섬유 생산국은 중국입니다. 그런데 중국의 일부 노동자들은 건강에 해롭고 안전하지 못한 노동 환경에 불만을 표시하고 있어요. 또 스포츠 의류를 생산하는 공장의 노동자들은 일감이 몰리는 시기에는 일주일 내내 쉬지 않고 일합니다.

이것은 비단 중국만의 이야기가 아니에요. 인도네시아의 재봉 공장에서 일하는 어느 노동자는 유명한 스포츠 의류 회사에서 온 주문을 마지막까지 처리하기 위해 하루에 무려 21시간이나 근무하기도 했답니다.

빡빡한 마감 시간을 맞추라고 압력을 넣으며 세계의 많은 공장에서는 노동자들에게 초과 근무를 강요하고 있다는 보고가

의류와 섬유 공장에서 일하는 사람들은 열악한 처우 아래 적은 임금을 받으며 장시간 노동하고 있다.

있었어요. 그러나 이렇게 긴 시간을 일하는데도 많은 노동자가 그들의 가족을 부양할 만큼 충분한 돈을 벌지 못해요.

"회사에서 잘리기 싫으면……."

의류 공장에서 고위 간부들의 언어폭력이 발생했다는 보고가 있었어요. 어떤 경우에는 신체적인 폭력과 성추행까지도 발생합니다. 노동자들은 주로 단기 계약에 의해 고용되고 있어요. 그래서 쉽게 해고될 수 있기 때문에 노동자들은 쉽사리 불만을 제기할 수가 없어요. 많은 대기자가 빈자리를 메우기 위해 끊임없이 줄을 서 있으니까요. 상황을 더욱 어렵게 하는 것은 노동자의 권익을 보호할 노동조합을 세울 수가 없다

는 것입니다. 세계의 많은 공장에서는 노동조합의 설립을 방해하거나 아예 금지하고 있어요.

화학 염료와 농약

동유럽과 동남아시아에서 발간되는 보고서에는 공장 노동자들의 건강 상태에 대해서 언급하고 있어요. 이들에게 눈에 난 상처, 어깨 통증, 알레르기, 호흡기 질환 등은 흔한 질병입니다.

의류나 종이, 가죽 등을 염색하는 데 사용하는 일부 염료 가루와 액체는 건강에 심각한 문제를 일으킬 수 있어요. 벤지딘이라 불리는 염료는 사람에게 방광암을 일으킬 수 있는 것으로 알려졌

작물에 뿌리는 농약은 농민과 소비자의 건강을 해친다.

어요. 2003년 유럽의 국가들은 건강을 해칠 수 있다는 우려 때문에 일부 염료의 사용을 금지했어요. 서아프리카에서는 청바지와 티셔츠를 만들 목화를 재배합니다. 목화를 기르는 농민들은 어떤 질병을 앓고 있는데, 농민들이 사용한 농약과 깊은 연관이 있어요. 이들은 농약 회사에서 권장하는 장갑과 마스크를 사서 사용할 여유가 없기 때문이에요. 매년 가난한 나라의 농민들 2만 명 이상이 작물 재배용 농약에 노출되어 있어요.

목화를 재배하는 두 나라

미국의 목화 농민들은 자신들의 농작물에 대해서 좋은 가격을 보장받고 있어요. 2만 5000명의 농민이 정부로부터 보조금을 받고 있거든요. 2001년에서 2002년 사이에 미국 정부는 목화 생산 보조금을 40억 달러 지출하였어요. 이 금액은 목화가 시장에서 팔리는 총 액수보다도 많은 것입니다. 이 보조금은 미국의 농민들이 자신들의 이익을 포기하지 않으면서 면화를 낮은 가격에 판매할 수 있도록 지지해 주는 장치이지요.

서아프리카의 작은 공화국 베냉에서도 목화가 재배되고 무역이 이루어집니다. 목화 무역은 베냉의 경제 성장에 많은 도움을 주고 있어요. 목화에서 얻어지는 수익으로 학교와 도로, 의료 시설 등이 건설되고 있습니다. 그러나 베냉에는 정부의 보조금이

세계의 공장에서 목화는 직물로 가공된다. 이곳에서 노동자들이 항상 좋은 대우를 받는 것은 아니다.

제공되지 않지요. 그래서 농민들이 자신들의 목화를 판매할 때는 미국 농민들이 판매하는 가격 수준에 맞추어 자신들의 판매 가격을 낮추어야만 한답니다. 만약 미국 정부가 자국의 농민들에게 과다한 보조금을 지급하지 않는다면, 베냉의 목화 농민들은 더 나은 생활수준을 유지할 수 있을 것이고 더 많이 국가 경제에 이바지할 수 있을 거예요. 너무나 놀랍게도 미국의 목화 재배 보조금은 베냉 전체 경제 규모의 두 배나 됩니다.

병든 마을

선박과 기관차 그리고 여러 산업에서 앞다투어 석탄이 필요했을 때, 남부 웨일스의 석탄 수출은 전 세계 물량의 3분의 1을 차지할 정도로 활기가 있었다. 그러나 오늘날 석탄 산업은 쇠퇴했다. 실업과 가난한 생활로 웨일스의 탄광 마을은 그 어느 때보다도 활기 없이 가라앉아 있다. 2000년 유럽연합은 12억 유로를 웨일스의 탄광 경제를 다시 살리기 위해 투자했다.

4. 전자 제품과 보석의 재료는 어디서 날까요?

오늘날 기능이 더욱 좋아진 텔레비전, 저렴한 컴퓨터, 초고속 인터넷, 차량의 위성 내비게이션 같은 다양한 전자 제품의 소비가 계속 증가하고 있어요. 이미 텔레비전을 소유한 가구 수는 10억이 넘고 휴대 전화 사용자 수도 10억이 넘으며 인터넷 사용자는 6억 명이 넘게 존재합니다. 전자 제품 덕분에 분명히 세상은 더 가까워지고 밝아지며 빨라질 거예요. 그러나 이 모든 일은 중요한 한 가지 금속, 탄탈륨이 없다면 불가능하답니다.

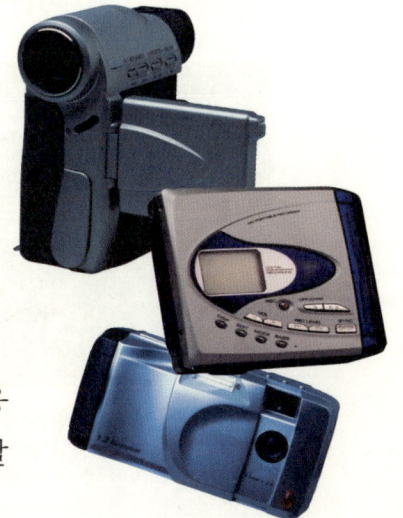

대지의 선물

탄탈륨은 전자 기판에 사용되는 금속이에요. 이것은 컬럼바이트-탄탈

라이트 또는 콜탄이라는 광물로부터 정제되어 나옵니다. 콜탄은 '검은 금'이라고 불릴 정도로 아주 귀한 것입니다.

콜탄을 향한 열풍

호주, 브라질, 콩고민주공화국 그리고 캐나다의 광산에서 추출하는 콜탄의 가치는 연간 60억 달러가 넘습니다. 전자 제품 때문에 콜탄의 수요는 급증하였고 가격도 급등하였지요. 그러자 수천 명의 사람이 중앙아프리카의 콩고민주공화국에 있는 카후지-비에가 국립공원으로 모여들었어요. 콩고민주공화국 사람들뿐 아니라 르완다, 우간다 같은 주변 국가에서도 사람들이 검은 금을 찾아서 모여들었어요.

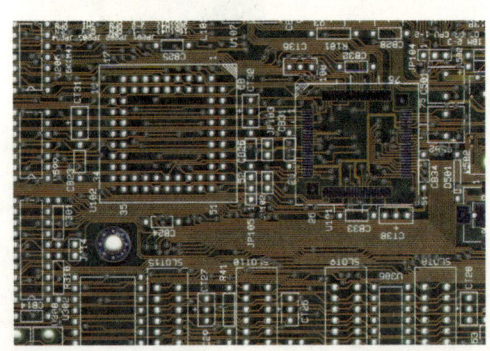

전자 기판의 재료인 콜탄은 호주와 브라질, 캐나다의 광산에서 합법적으로 채굴된다. 하지만, 콩고민주공화국의 콜탄은 피비린내 나는 내전에 흘러들고 있다.

중앙아프리카에서 콜탄의 거래는 반란군이 장악하고 있어요. 이들은 콜탄 판매로 생긴 수익을 불법 무기를 구매하는 데 사용합니다. 2001년에는 콩고민주공화국의 콜탄 광산에서 한 달에 3000만 달러 이상의 가치를 지닌 콜탄에 대한 불법 채굴이 이루어졌어요. 이렇게 번 돈은 대부분 1990년대 중반에 시작된 피비린내 나는 내전으로 흘러들고 있어요.

고릴라가 비용을 치른다고?

지난 수십 년 동안 중앙아프리카에는 수많은 폭력 사태가 일어났고, 그 결과 피란민들이 대규모로 발생했어요. 피란민들의 이동은 주요 국립공원들에 피해를 입히고 있으며 콜탄 광산을 향한 인파는 이 지역의 야생 동물과 자연환경에 더 큰 피해를 끼치고 있어요. 숲은 사라져 가고 강은 오염되었으며 저지대의 고릴라들은 사냥으로 희생

환경 파괴와 사냥으로 희생되는 중앙아프리카의 고릴라

당하고 있습니다. 심지어 고릴라의 고기는 이 지역의 시장에서 '야생 동물 고기'라 불리며 판매되고 있어요. 1994년 고릴라의 개체 수는 1만 7000마리였으나 지금은 동쪽 저지대에 5000마리도 채 안 되는 수만이 남았습니다.

4. 전자 제품과 보석의 재료는 어디서 날까요?

무시된 안전

안전에 대한 위협은 중앙아프리카에서 고릴라들만이 겪는 문제는 아닙니다. 왜냐하면, 국립공원에서의 콜탄 채굴은 불법이기 때문에, 안전은 대체로 무시됩니다. 2002년 2월에는 콜탄을 채굴하던 갱도가 무너져 36명의 광부가 사망했습니다.

피로 얼룩진 휴대 전화

영화배우 레오나르도 디카프리오와 작가 아서 클라크가 후원하는 활동가들이 중앙아프리카의 콜탄을 사용하는 것에 항의하는 내용이 뉴스의 머리기사로 보도된 적이 있었어요. 그러자 휴대 전화 제조 회사들은 신속하게 자신들은 그 지역에서 생산된 콜탄을 사용하지 않았다고 발표했어요. 그러나 현실에서는 콜탄이 전자 기판에 사용되기 이전에 수많은 거래상을 거치기 때문에 이것이 어디에서 온 콜탄인지 구별하기 어렵답니다.

다이아몬드 무역 또한 수많은 갈등과 논란의 여지가 있다.

보석의 도시

중앙아프리카는 수십 년간 폭력 사태를 겪었다. 많은 사람이 자신의 집에서 쫓겨났고 지금은 자연 환경조차 콜탄 채굴로 위협받고 있다.

라트나푸라는 스리랑카의 주요 언어인 신할리어로 '보석의 도시' 라는 뜻을 지녔어요. 전 세계 블루사파이어 교역량의 80%는 스리랑카에서 나옵니다. 스리랑카에서 보석 원석의 수출에 따른 가치는 9000만 달러에 이르고, 17만 5000명의 인구가 이 일에 종사하고 있어요. 하지만, 아직 이러한 부가 가치가 국민 대다수에게 이르지 못하고 있어요. 왜냐하면, 채굴하는 사람들보다는 파는 사람들에게 더욱 많은 돈이 돌아가고 있기 때문입니다. 라트나푸라의 인구 가운데 40%가 빈곤층이에요.

2003년 대규모 홍수 때에는 61명이 사망했고, 12만 명이 고향을 떠나야 했어요. 이 지역 전문가들은 홍수의 주요 원인이 불

사파이어는 질 높은 보석으로 가공하였을 때 더욱 가치가 있다. 스리랑카의 사파이어 무역이 만들어 낸 부의 대부분은 가난한 국민들에게 이르지 못한다.

법적인 보석 채굴이라고 판단합니다. 만약 스리랑카 정부와 사파이어 판매 연합 단체가 불법 채굴을 통제하기 위해 당장 어떤 행동을 하지 않는다면, 머지않아 더 많은 스리랑카 사람들이 강의 범람 때문에 익사하게 될 거예요.

분쟁의 다이아몬드

다이아몬드는 사랑이나 호화로움의 상징입니다. 하지만, 어떤 사람들은 다이아몬드를 '분쟁의 다이아몬드(conflict diamonds)'라고 부릅니다. 분쟁의 다이아몬드는 대부분 정부와 맞서는 반란군 세력들이 장악한 지역에서 나옵니다. 특히 서아프리카와 중앙아프리카 지역에서 채굴된 다이아몬드는 무기를 사들이는 데 사용되고 있어요. 앙골라, 시에라리

분쟁의 다이아몬드는 대부분 시에라리온, 앙골라, 라이베리아 그리고 콩고민주공화국에서 나온다. 다이아몬드 불법 거래를 장악한 세력들이 테러를 저질러서 시민들이 신체를 절단당하거나 죽기도 한다. 일부 분쟁의 다이아몬드는 선진국의 보석상으로까지 팔려 나가고 있다.

온의 반란군 세력들은 이웃 아프리카 국가로부터 불법적으로 밀수한 다이아몬드 원석의 교역을 장악하고 있어요. 분쟁의 다이아몬드는 흔히 산업용으로 사용되지만, 일부는 유럽이나 미국 도시의 보석상으로도 가고 있어요.

5. 왜 사람을 해치는 무기를 사고 팔까요?

분쟁 지역에 가득 쌓인 불법 무기들

 2003년 7월, 박격포가 서아프리카 라이베리아의 수도인 몬로비아의 민간인 지역에 떨어졌어요. 이 가운데 어떤 박격포는 열한 살짜리 소년병들이 발사한 것이었어요. 박격포는 이란에서 제조되어 라이베리아의 북쪽 국경과 맞닿아 있는 기니의 정부에 의해 불법적으로 공급되고 있어요. 불법 무기들은 원래 세계 곳곳에서 합법적인 무기로 생산된 것입니다. 그런데 합법적인 무기가 엉뚱한 사람들의 손에 들어가게 되었을 때 문제는 발생합니다.

불법 무기

불법 무기의 교역으로 생긴 수익은 더 많은 불법적인 활동들을 불러일으킵니다. 콜롬비아의 인신매매, 이라크에서의 학살, 런던의 권총 범죄는 대부분 불법 무기와 연결되어 있어요. 휴대 전화, 빠른 인터넷 접속, 고성능 컴퓨터와 같은 기술의 진보가 이런 거래를 더 신속하고 더 쉽게 이룰 수 있도록 했지요. 무기 교역은 합법적인 경우라면 서로 이익이 되겠지만, 불법 거래일 때에는 원치 않는 상황이 될 수도 있습니다.

합법적인 무기

오래된 무기나 불법적인 무기들만이 전 세계에 퍼져 있는 것은 아닙니다. 과거 40년 동안 여러 나라에서 무기 생산량은 배로 증가했고, 현재 소형 무기가 해마다 800만 개씩 제조되고 있어요. 합법적인 무기 교역이 매년 수백억 달러가 넘는 규모로 이루어지지만, 마

매년 300억 달러 정도의 합법적인 무기가 거래되고 있다. 이 중 일부는 엉뚱한 사람들의 손에 넘겨질 가능성이 아주 크다.

지막으로 어느 곳에 무기가 도달했는지 알기란 어려워요. 무기는 대개 전체보다는 부품으로 거래되기 때문입니다. 이 점이 무기 거래를 더욱 추적하기 어렵게 만드는 원인이에요. 최근의 보고를 따르면 영국산 무기의 부품들이 짐바브웨나 이스라엘, 콜롬비아, 우간다 등에 퍼져 있다고 합니다. 이런 나라에서 무기는 자국민들의 기본 인권을 박탈하는 행위에 연관되어 있어 영국 기업이 이들 나라에 완제품 무기를 수출하는 것은 불법입니다.

법의 구멍

캐나다 정부는 인권 보호를 소홀히 하는 국가들과는 교역하지 않는 것으로 유명합니다. 그렇지만, 캐나다산 헬리콥터 33대가 인권 침해의 역사를 가진 콜롬비아에 팔렸습니다. 캐나다에서 미국으로 먼저 팔리고 나서, 미국에서 콜롬비아로 다시 판매된 것입니다. 아무리 한 국가가 합법적으로 무기를 판매했더라도 그 무기가 최종적으로 어디서

합법적으로 생산되고 판매된 무기일지라도 죄 없는 민간인을 향해 총부리를 겨누는 나라에 최종적으로 도달할 수 있다.

사용되는지에 대해서는 보장할 수 없습니다.

무기와 전쟁

2004년 수단의 서쪽 지역에서 '잔자위드'라는 무장 반군 세력들이 민간인을 공격한 일이 있었다. 이들은 마을에 불을 질러 사람들을 공포에 빠뜨렸고, 강간과 살인을 저질렀다. 100만 명 이상의 사람들이 이때 다르푸르의 자기 집을 떠나 지금까지도 열악한 난민 캠프에서 살고 있다. 유럽의 국가들과 미국은 수단에 무기 통상 금지 조치를 취하여 무기를 공급하지 않도록 했다. 그러나 이런 조치를 했지만, 무기는 아직 많은 지역에서 구할 수 있다.

1989년 베를린 장벽의 붕괴로부터 '냉전 시대'가 종식되기 시작하면서 중부 유럽과 동부 유럽 전역에는 대규모로 비축된 무기가 있었다. 2002년 체코 정부는 1993년 이후 소형 무기 9만 5000개와 탱크 200대, 전투기 50대를 팔았다고 발표했다. 우크라이나는 기관총을 33만 대 팔았다. 1994년 이 무기들 가운데 일부가 100만 명 이상의 사람들을 죽인 르완다 대학살에 사용되었다.

세계적으로 소형 무기를 구하는 방법은 갈수록 다양해지고 있다. 합법적이든 불법적이든 무기 거래가 증가할수록 무기의 가격은 하락한다. 이렇게 더욱 많은 사람이 무기를 쉽게 구할 수 있으면 비극적인 결과가 더 자주 일어날 것이다.

만약에 무기를 사지 않는다면?

무기와 군대에 쓰는 돈을 줄이면 가난과 질병을 없애는 데 도움을 줄 수 있다.

1999년 남아프리카공화국은 잠수함, 전투기, 헬리콥터, 전투함을 구매하는 데 60억 달러를 사용했다. 만약 그 돈을 에이즈 치료를 위해 썼다면, 2년간 500만 명을 치료할 의약품을 구매할 수 있었을 것이다.

만약 세계의 여러 나라 정부가 무기 구매와 군대 유지를 위해 쓰는 비용을 반으로 줄이면 이 세상 모든 어린이가 초등 교육을 받을 수 있을 것이다.

6. 아플 때 약을 구할 수 없다면?

병을 앓고 싶은 사람은 아무도 없을 테지요. 그러나 질병은 이미 우리 삶의 일부를 차지하고 있어요. 우리는 아플 때 가까운 약국에서 의약품을 사거나 병원에서 의사의 진찰을 받고 처방을 받을 수 있습니다. 그런데 세계 인구의 3분의 1에 해당하는 20억 명은 의약품을 구할 수 없는 상황에 있답니다. 가난과 의료 기관

몸이 아프면 약을 구할 수 있다는 사실을 우리는 종종 지극히 당연한 것으로 받아들인다. 하지만, 개발도상국의 많은 사람에게는 아직 이런 게 호사일 뿐이다.

의 부족은 수많은 문제를 일으킵니다. 비싼 의약품의 가격, 그 자체처럼 말이지요.

너무도 비싼 의약품

전 세계적으로 4000만 명의 인구가 에이즈에 걸렸습니다. 그들 가운데 300만 명은 15세 이하의 어린아이들입니다. 2003년 한 해에만 500만 명 이상이 에이즈 바이러스에 감염되었고, 300만 명이 에이즈와 관련된 질병으로 사망했습니다.

에이즈에 걸리게 하는 바이러스를 억제할 수 있는 의약품의 가격은 한 사람에 연간 1만 5000달러입니다. 남아프리카공화국에서는 500만 명이 에이즈 바이러스에 감염되었습니다. 전체 인구에서 아홉 명 가운데 한 명꼴인 셈이지요. 한데 만약 남아프리카공화국의 연간 평균 수입이 1만 달러 정도라면 에이즈 바이러스에 감염된 사람들은 어떻게 약을 구할 수 있을까요?

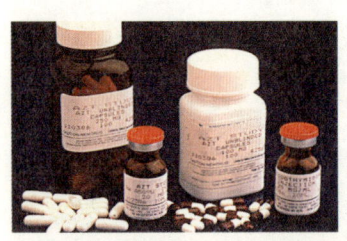

의약품은 너무 비쌀 수도 있다. 그래서 종종 그 약이 반드시 필요한 사람들이 약을 사지 못한다.

더 싼 의약품

인도의 '시플라'라는 회사는 에이즈 바이러스 치료제를 연간 350달러 수준으로 제조할 수 있어요. 이 회사는 제네릭 의약품*, 즉 원본 의약품의 복제 약을 생산합니다. 약의 성분은 고가의 원본 의약품과 거의 똑같아요. 중요한 것은, 이 제품의 가격이 수백만 명의 사람들이 에이즈 치료제로서 감당할 수 있는 수준이라는 것입니다.

복제 약, 즉 제네릭 의약품은 싼 비용으로도 생산할 수 있다. 하지만, 이것은 약을 사거나 파는 쪽 모두에게 문제를 일으킬 수 있다.

시플라 사는 남아프리카공화국에 저렴한 의약품을 공급했어요. 하지만 2001년 남아프리카공화국 정부는 제네릭 의약품을 구매했다는 이유로 법정에 서야 했어요. 에이즈 치료제의 특허권과 생산권을 가진 제약 회사들은 시플라 사와 남아프리카공화국 정부가 불법 행위를 저질렀다고 비난했어요.

---

* **제네릭 의약품** 특허가 만료된 원본 의약품의 복제 약을 지칭하는 말로 최근 제약협회에서는 '복제 약' 대신 '제네릭'을 공식 용어로 사용하기로 결정했다.

미래를 위한 연구 개발

제약 회사들은 새로운 의약품 개발을 위한 연구 활동에 수많은 돈을 들이고 있어요. 특허가 날 만한 의약품 하나를 개발하고 생산하기 위해서는 6억 달러 이상의 자본과 약 15년이라는 시간이 걸리는 것으로 여겨집니다. 제약 회사들은 특허권이 단지 자신들의 이익을 보호해 주는 것뿐 아니라 미래의 의약품 개발을 위한 자본을 조성할 수 있게 한다고 주장하고 있어요. 그리고 지적재산권(TRIPS)(57, 83쪽 참조)으로 알려진 국제 무역법은 의약품을 복제하는 것을 불법으로 규정하고 있지요.

약을 제조하는 비용도 비싸지만, 이것을 판매하는 것은 그보다 더 많은 돈을 만들어 냅니다. 세계 10대 제약 회사들은 2002년에 359억 달러를 벌어들였어요. 미국의 제약 회사들이 특허 의약품으로 번

머크, 존슨앤존슨, 화이자, 글락소스미스클라인, 노바티스 같은 세계의 5대 제약 회사들은 각각 연간 매출을 200억 달러 이상 올리고 있다.

56 공정무역, 왜 필요할까?

돈은 수백억 달러에 이릅니다. 그러니 그들이 약의 조제법을 베끼는 해적질이나 복제 약의 판매를 중지시키길 원하는 것은 놀랄 만한 일도 아니지요.

지적재산권

제약 회사들을 향한 세계적인 움직임은 이미 시작되었답니다. 옥스팸(Oxfam)이나 국경 없는 의사회(Medecins Sans Frontieres) 같은 국제 구호 기관들과 미국의 헬스 갭(Health GAP), 남아프리카공화국 치료행동운동(The Treatment Action Campaign in South Africa), 제네바에 있는 제3세계 네트워크(Third World Network) 같은 활동가 그룹들은 특허법이, 수백만 명의 생명에게 필요하고 그 생명을 구할 의약품의 장벽이 되어서는 안 된다고 주장하고 있어요.

국경 없는 의사회의 로고

이런 압력에 대응하기 위해 제약 회사들은 남아프리카공화국, 브라질, 태국에서 특허 관련 소송을 취하하기도 했어요. 세계 질서는 특허권보다는 공공의 의료를 보호하는 쪽으로 점점 강화되었고, 최상의 치료가 필요한 사람들이 치료받을 수 있도록 정부에 합법성과 정치적인 힘을 실어 주었어요.

필수 의약품

에이즈 치료제가 꼭 필요한 이들을 위해 약을 저렴하게 생산하기 위한 협약은 2001년 11월 카타르에서 열린 세계 무역 회의에서 이루어졌어요. 정부는 이제 공공의 건강에 위기가 닥칠 때는 강제실시권*을 행사할 수 있게 되었어요. 다시 말해서 에이즈 바이러스처럼 감염성 질병이 아주 광범위하게 퍼져 나갈 때에 정부는 저렴한 복제 약, 즉 제네릭 의약품을 구매할 수 있다는 거예요.

---

* **강제실시권** 지적 재산권자의 허락 없이 강제로 특허를 사용할 수 있도록 하는 것으로 특허의 배타적 권리에 대한 제약의 일종. 합리적인 기간 안에 합리적인 계약 조건으로 지적재산권자로부터 허가를 받을 수 없는 경우, 국가 비상사태나 긴급한 상황, 공공의 비영리적 목적을 위한 경우 등에 강제실시권을 발동할 수 있다. 외국에는 의료, 생명과학 분야, 방송 등의 발전을 위해 강제실시권을 허용한 사례가 많다.

더 자세히 알아보기

세계보건기구(WHO)는 신약을 개발하기 위해 그동안 이루어진 의약 연구들은 세계 인구의 10%를 구성하는 부유한 이들을 위한 것이었다고 보고했다. 개발도상국에 광범위하게 퍼져 있는 말라리아나 빌하르츠 주혈흡충증 같은 질병 치료제보다 비아그라 같은 제품을 파는 것이 더 큰 이윤을 내고 있기 때문이다. 1975년에서 1997년까지 개발된 1223가지의 신약들 가운데 오직 13가지만이 개발도상국에 퍼져 있는 열대성 질병을 위한 것이었다.

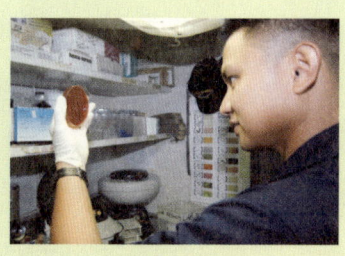

신약 개발에는 많은 비용이 든다.

이런 문제들과 남아프리카공화국 정부가 법정에 가야 했던 상황 때문에 국제연합(UN) 사무총장이었던 코피 아난은 전 세계가 의약을 위한 기금을 조성해야 한다고 말했다. 이것은 의약 관련 회사들이 개발도상국을 위한 신약 개발에 더 많은 관심을 두도록 하는 유일한 방법이라고 할 수 있다.

2002년 세계건강기금(The Global Health Fund)이 출범했다. 이 기금이 성공하기 위해서는 약 70억 달러에서 100억 달러가 필요하다. 이 정도는 부자 나라들이 전쟁을 하는 데 사용하는 국방비 예산 가운데 아주 작은 일부분에 불과하다. 그러나 2년 뒤 세계건강기금은 오직 26억 달러만을 조달받았다. 이 금액은 의학 연구와 치료로 세계의 대다수 사람이 혜택을 보기에는 너무나 적은 것이다.

7. 사람을 해치는 불법 마약 거래

전 세계에는 불법으로 마약을 사용하는 사람들이 약 5000만 명가량 있어요. 불법 마약 거래의 규모는 4000억 달러로 추정되는데, 이는 세계의 관광 시장 규모만큼이나 큰 것이에요. 세계 각국의 정부는 해마다 수백만 달러를 마약 중독자들을 위한 치료와 재활 활동에, 그리고 마약 관련 범죄와 싸우고 불법 마약 거래를 중지시키는 데 많은 돈을 사용하고 있어요.

국제적 마약 조직망

오늘날 세계 곳곳에서 거래되는 상품들처럼, 운송과 통신의 세계화는 불법 마약류들이 더욱 빠르고 쉽게 이동할 수 있게 합니다. 아편과 헤로인은 황금의 삼각지대(라오스, 미얀마, 태국) 또는 황금의 초승달지대(아프가니스탄, 파키스탄, 이란) 같은 곳에서 중앙아시아나 유럽으로 유통되고 있어요. 차량과 비행기, 선박 그리고 심지어 낙타와 도보를 이용해 전해지고 있어요.

코카인은 대부분 남아메리카에서 생산됩니다. 이것들이 미국으로, 대서양을 건너 아프리카와 유럽으로 날아가는 거예요. 엑스터시 같은 합성 마약들은 대부분 유럽에서 제조되어 전 세계로 퍼지고 있어요.

세계 각국의 정부는 마약이 반입되는 것을 막기 위해 노력하고 있다. 세관 검사관, 경찰들은 마약과의 전쟁을 치르고 있다.

마약왕의 사업

세계 각지의 도시와 인구 밀집 지역으로 마약을 가져와 거래하려는 사람들이 공항이나 국경에서 체포되는 것은 자주 있는 일이에요. 하지만, 이들이 마약 거래를 장악한 사람들은 아니랍니다. 이들은 '마약왕'들이 조직한 비밀 조직에 속한 운반자일 뿐이에요.

불법 마약 거래는 마약왕들에게

오염된 주삿바늘을 같이 사용함으로써 에이즈 바이러스가 전파되기도 한다. 2004년 중반, 전 세계에서 4340만 명의 사람들이 에이즈 바이러스에 감염되었다.

제3세계 농민들이 마약 작물을 재배하는 이유

코카인의 주원료인 코카나무는 수천 년 동안 남아메리카에서 재배되었다. 코카나무 잎은 코카잎 차, '마테 데 코카'를 만들기 위해서 판매된다. 이 차는 코카인이 제거된 것으로, 이 차를 마시는 것은 불법이 아니다. 그렇지만, 코카나무의 재배와 수출은 코카인 마약처럼 불법으로 규정되었다.

남아메리카의 시장에서 코카잎을 사고 파는 농민들

아프가니스탄에서 아편은 가장 수익성이 좋은 작물이다. 헤로인으로 정제할 수 있기 때문이다. 그래서 일부 농민들은 합법적인 작물보다 마약을 위한 작물을 재배한다. 수익성이 훨씬 좋기 때문이다.

유럽과 미국에서 자국의 농민들에게 주는 보조금은 합법적인 작물의 가격을 낮추는 역할을 한다. 만약 보조금이 사라진다면, 합법적인 작물을 재배하는 게 불법 마약류를 재배하는 것보다 가난한 농민들에게 더 많은 이익을 가져다줄 것이다.

많은 농민이 국민의 마약 중독은 정부의 책임이라고 믿고 있다. 이것은 재배할 작물에 대한 선택의 여지가 없는 농민들의 책임이 아니라는 것이다. 왜냐하면, 그들은 최소한의 생활 유지를 위해 마약성 작물을 재배하는 것이기 때문이다.

사업입니다. 그들은 자신의 이윤을 최대로 내기 위해 뛰어난 전문가들을 고용하고 있습니다. 어느 콜롬비아의 마약 연합체는 자신들의 마약을 거대한 미국 시장에 공급하기 전에 푸에르토리코 사람들에게 먼저 공급하여 시장 조사를 할 정도입니다.

베트남에서 불법 마약을 구하는 방법이 나날이 다양해지고 있다. 그 결과 베트남 인구 가운데 마약 중독자의 비율이 점점 높아지고 있다.

사람들의 희생

마약 거래는 매년 수백만 명의 목숨을 앗아갑니다. 뉴욕의 거리에서 코카인 조직 폭력배들 간의 충돌 때문에 저질러진 살인이든, 로마에서 마약 비용을 마련하기 위해 강도질을 하는 헤로인 중독자이든, 타지키스탄에서 마약 중독에서 벗어나 재활하려는 가족을 지켜보는 사람들이든 간에 수백만 명의 사람들이 불법 마약 거래 때문에 고통을 겪고 있어요.

7. 사람을 해치는 불법 마약 거래 **63**

범죄를 막는 길

에이즈를 유발하는 에이즈 바이러스는 오염된 주삿바늘을 같이 사용하여 옮을 수가 있어요. 베트남에서 에이즈 감염자의 3분의 2는 마약 중독자입니다. 이들은 대부분 23세 이하의 젊은 층이에요. 베트남 호찌민 시에서는 직업적으로 주사를 놓는 사람들이 수천 명의 사람에게 헤로인을 공급하고 있어요. 이 과정에서 에이즈 바이러스가 퍼지는 거예요.

불법 마약 거래 때문에 소모되는 경제적, 인적 비용을 생각하면 불법 마약 거래를 근절하기 위한 현재의 정책들이 과연 제대로 시행되는 건지 의문을 갖게 됩니다. 마약을 불법으로 규정한 법을 완화해 주면 마약 관련 질병들과 범죄가 좀 더 빨리 줄어들지 않을까 하는 논쟁이 있었어요. 만약 합법적인 약사가 헤로인을 사용자들에게 처방해 준다면 그들은 더는 범죄의 소굴인 지하 세계에 의존하지 않을 거예요. 또한, 마약 사용자들은 에이즈 바이러스에 감염된 주삿바늘 말고, 깨끗하고 오염되지 않은 주삿바늘을 사용할 수 있을 테지요. 어쩌면 이렇게 하는 것이 에이즈의 세계적인 확산을 방지하는 길인지도 모릅니다.

8. 지구를 돌아다니는 돈

금융 거래는 순식간에 인공위성의 속도로 지구를 한 바퀴 돈답니다. 투자가들은 버튼을 한 번 클릭하는 것만으로 세계 어느 곳으로든 돈을 이동시킬 수 있어요. 개발도상국들은 자주 부유한 나라나 국제기구의 돈에 의존합니다. 그러나 빚은 많은 문제를 불러일으키지요. 만약 가난한 나라가 돈을 갚지 못하면 어떤 일이 벌어질까요?

돈의 자유로운 이동

외국인 투자가 몰리면서 태국의 수도 방콕에는 초고층 빌딩들이 들어섰다.

1990년대 초반 태국, 인도네시아, 필리핀, 한국 정부는 세계 금융 자본이 자국의 비즈니스와 산업에 투자할 수 있도록 대대적인 금융 개방 조치를 했어요. 외국인 투자자는 동남아시아에 한꺼번에 들어갔고, 태국의 수도 방콕에는 초고층 빌딩들이 빠르게 들어섰어요. 마치 금융 시장 개방이 태국의 경제를 성장시키는 것처럼 보였지요.

태국의 위기

하지만 새 빌딩들은 태국 경제가 실제로 원활한 성장을 이루고 있다는 것을 보여 주지는 못했어요. 외국인 투자자들은 문제를 발견하고는 서둘러 하나씩 빠져나갔어요. 빠르고 자유롭게 들어왔던 자본이 순식간에 떠나 버려, 18개월 동안 외국인들의 투자금은 대부분 사라져 버렸어요. 그러자 다른 투자자들도 태국에 투자하는 것에 심각한 우려를 하게 되었어요. 자유로운 자본은 결과적으로 동남아시아 전체를 강타한 태국의 경제 위기를 만들었던 것입니다.

삶을 파괴하는 경제 위기

1998년 말 동남아시아 전역은 대규모 실업과 광범위한 불경기 상태에 있었어요. 각국 정부는 의료나 교육 같은 주요 공공 서비스 분야에 더는 투입할 돈이 없었어요. 인도네시아에서는 1년도 안 되어 2000만 명의 실업자가 생겨났어요. 병원은 25만 개나 문을 닫았고 600만 명의 아이들이 학교에 다닐 수 없게 되었어요. 동남아시아 각국 정부는 경기 부양을 위해 1200억 달러의 자금을 빌렸어요. 현재 여러 동남아시아 국가는 꾸준히 성장하고 있어요. 하지만, 인도네시아에서는 아직 경기 침체의 영향을 느낄 수 있어요. 경기 불황은 종종 폭력 사태와 연결되곤 합니다. 경제 위기가 얼마나 오랫동안 계속되고 어디까지 영향을 미칠지는 누구도 쉽사리 말할 수 없어요.

동남아시아의 경제 위기는 이 지역 사람들의 삶에 어두운 그림자를 드리웠다.

아르헨티나의 위기

20세기 후반 아르헨티나에서는 부패한 정부 때문에 경제가 심각한 상황에 빠졌어요. 그들은 대량 실업을 불러일으켰고 경기를 후퇴시켰어요. 1500만 명의 인구가 가난

평화로워 보이는 아르헨티나의 거리 풍경. 하지만, 2001년 12월에는 아르헨티나인 수천 명이 아르헨티나를 가난에 빠뜨린 부패한 정치인들의 파면을 요구하며 거리로 나왔다.

에 빠지게 된 것이죠.

거리의 폭동

2001년 말, 아르헨티나 정부는 1320만 달러의 빚을 갚지 못했어요. 이때 정부는 국민에게 은행 계좌에서 한 달에 800달러 이상 돈을 찾을 수 없도록 규제했어요. 사람들은 분노를 터뜨렸고 자신들이 평생 모은 재산을 잃어버릴지도 모른다는 걱정에 부패한 관리들과 페르난도 델라루아 대통령을 몰아내기 위해 거리로 뛰쳐나왔어요. 일반 대중들의 시위는 약탈과 폭동으로 이어졌고, 27명의 사상자를 남겼습니다.

새 출발의 어려움

2002년 초에 아르헨티나에서는 2주 동안에 다섯 번이나 대통령이 바뀌었어요. 다섯 번째 대통령 에두아르도 두알데 때에 다소 평온을 되찾기도 했지만, 2003년 네스토르 키르츠네르가 대통령이 되어 진정한 개혁의 기나긴 여정을 시작할 때까지 완전한 평온을 되찾지는 못했어요. 2004년 폭력과 시위는 모두 사라졌지만, 갚지 못한 대규모 부채 때문에 여러 가지 문제가 여전히 남아 있지요.

그들은 왜 빚을 졌을까?

남아메리카의 국가들은 1960년대에서 1970년대 사이에 산업화를 이루기 위해 돈을 빌렸어요. 이것이 오늘날 부채 위기를 가져온 원인이에요. 1982년 멕시코 정부가 외국 은행과 외국 정부로부터 빌린 채무를 상환할 수 없다고 발표했을 때 위기의 첫 신호가 나타났던 거지요. 아르헨티나, 브라질, 우루과이의 사례는 개발도상국들에게 과거 채무가 현재까지도 많은 문제를 일으킬 수 있다는 것을 보여 주고 있어요.

빚의 수렁

1990년에서 1997년 사이에 세계에서 가장 가난한 국가들은 부채 상환을 위해 770억 달러를 지출해야 했어요. 이 액수는 이들이 현재 시점에서 은행에서 빌린 새로운 빚보다 더 많은 양이에요. 아프리카 국가들은 매일 평균 4000만 달러를 과거에 빌린 빚을 갚기 위해 지출합니다. 이렇게 과거에 빌린 돈을 갚기 위해 예산을 사용하다 보니 기본적인 의료와 교육 시설에 투자할 돈이 없게 되는 거지요.

9. 국경을 넘어 자유롭게 사고파는 게 좋기만 할까요?

각국 정부는 자국 산업을 보호하기 위해 외국 수입품에 관세를 부과한다.

자유무역이란 나라 안팎으로 상품이나 서비스가 움직이는 데 장애가 없는 것을 말해요. 각국 정부는 보조금이나 관세 같은 장벽을 두어 외국의 수출로부터 자국의 산업을 보호합니다. 관세란 한 나라로 수입되는 상품이나 서비스에 더해지는 돈을 뜻해요. 사람들이 외국산 수입품을 살 때에는 더 비싼 값을 치러야 한다는 것이지요. 만일 정부가 무역에 열린 자세를 지닌다면 상품과 서비스의 자유로운 이동을 독려하고, 장벽을 줄인다는 뜻입니다.

열린 세계

제2차 세계대전 이후 국가 간의 열린 무역을 지원하기 위해 국제기구들이 설립되었어요. 국제통화기금(IMF), 세계은행(WB), 세계무역기구(WTO)는 세계 경제에 커다란 영향력을 발휘하게 되었어요.

은행 대출

국제통화기금(IMF)은 국제 경제의 안정을 위해 설립되었어요. 국제통화기금은 정부들에게 돈을 빌려 줍니다. 세계은행도 돈을 빌려 주기는 하는데 새 공장을 짓는다든지, 도로를 닦거나 수도를 공급한다든지, 교육과 의료 시설을 개선한다든지 하는 장기 프로젝트와 관련이 있어야 합니다. 국제통화기금과 세계은행 모두 전 세계를 대상으로 돈이 필요한 나라에 돈을 빌려 줍니다.

대출에 대한 대가로, 국제기구는 국가들에 어느 정도의 자유무역을 요구했어요.

아프리카 나라들은 국제기구로부터 빌린 돈을 갚지 못해 가난에서 벗어나지 못하고 있다.

1990년대에는 국가들이 돈을 빌리려면 '구조 조정'에 동의해야만 했어요. 구조 조정은 보조금 삭감이나 관세 철폐와 관련이 있지요. 그러자 외국으로부터 값싼 수입품이 급증하고 지역 경제는 외국 수입품에 대항할 경쟁력이 없었어요. 마침내 돈을 빌린 나라들의 국내 산업체들은 문을 닫게 되었지요. 이와 관련된 또 다른 문제들 때문에 구조 조정은 짐바브웨나 케냐 같은 개발도상국에서 부채 위기를 더욱 심화시키고 말았어요.

무역 분쟁

한 국가가 세계무역기구(WTO)의 회원이 된다는 것은 세계무역기구의 다양한 규정에 동의한다는 것을 의미합니다. 만

1999년 미국 시애틀에서 세계무역기구는 무역 규칙에 대한 회의를 진행했다. 이 회의에서는 많은 안건이 동의를 구하는 데 실패했다.

약 회원국들이 무역 관련 조항에 대해 동의하지 않는다면 세계무역기구는 분쟁을 해결하기 위해 규칙을 적용합니다. 세계무역기구는 무역 분쟁으로 야기된 교착 상태를 해결해 주지만, 무역을 늘 자유롭고 공정하게 하지는 못한다는 비판을 받고 있어요.

자유무역이 공정무역을 의미하는 걸까?

1999년 미국 시애틀에서 열린 세계무역기구 회의는 서둘러 마쳐야 했어요. 5만 명 이상의 군중이 회의장 밖에서 시위하기 위해 모여들었기 때문이에요. 이 시위는 반세계화, 반자본주의 운동의 주요 행사였어요. 세계 각지에서 모여든 사람들은 환경, 동물 보호, 저임금 노동 그리고 개발도상국의 국가 부채 같은 문제들에 대해 시위를 벌였어요.

세계무역기구는 무역 분쟁을 해결하는 방식이 비밀스럽게 진행되는 탓에 비난을 받았어요. 사람들은 이 회의에 각국 정부 대표들만이 아니라 노동조합, 환경 보호 단체 그리고 인권 보호 기구들이 같이 참여해야 한다고 주장했어요. 또한, 사람들은 세계무역기구가 좀 더 민주적이어야 하며, '1달러에 한 표'가 아니라 '한 국가에 한 표'를 행사하도록 하는 운영 시스템이어야 한다고 주장했어요.

무역 중흥의 세기

19세기는 서유럽 국가들과 미국에서 엄청난 경제 성장이 이루어진 시기였다. 삶의 수준이 높아졌고 국가들은 부유해졌다. 프랑스의 경제도 '좋았던 옛날' 또는 '라 벨 에포크'라고 부르던 1890년대에 급격한 성장을 이루었다. 바로 이렇게 사람들의 삶에 크나큰 변화를 가져온 주요한 동력 가운데 하나가 바로 무역이다.

19세기에 무역은 서유럽과 미국에서 생활수준을 개선하는 데 이바지했다.

대공황

1929년 어느 날, 뉴욕 월가의 미국 증시가 붕괴하자, 사회적·경제적 침체는 이후 10년 동안이나 계속되었다. 이때 각국 정부는 다른 국가들과의 경쟁에서 자국 산업을 보호하기 위한 조치를 취했다. 무역을 제한하기 위해서 관세를 부과했는데, 이것은 국가 간의 관계를 적대적으로 만드는 계기가 되고 말았다.

다시는 파국이 없기를

제2차 세계대전 막바지에 유럽 정부들과 미국 정부는 전쟁으로 황폐해진 나라를 재건할 필요가 있었다. 무역은 과거에 경제 성장을 이끌었던 수단이었고, 또한 동시에 재건을 위한 해결책이 될 수 있었다. 누구도 제2차 세계대전이나 대공황 같은 시절로 돌아가고 싶지 않았고, 경제 성장을 이루면 세상은 다시 평화로워질 것이라고 믿었다.

새로운 국제기구들

제2차 세계대전이 끝나 갈 즈음 28개 국가의 대표들이 브레턴우즈라는 미국의 작은 도시에서 모였다. 여기서 이들은 전쟁 이후 나라를 재건하고, 미래의 세계 경제를 더욱 안정시키기 위해 국제기구를 설계하기 시작했다. 국제통화기금(IMF)과 세계은행(WB)은 이런 의미에서 형성된 최초의 국제기구들이다.

자유무역 기구들

국제 무역에 대한 연속 회의는 1947년부터 시작되었다. 관세무역일반협정(GATT)은 대공황 시기에 발생했던 국가 간의 적대적 무역 관계를 종식하고 새로운 무역 질서를 정립하는 것을 주요 목적으로 고안되었다. 마지막 회의는 1986년에서 1994년 사이에 우루과이에서 개최되었는데, 이 우루과이 라운드에서 세계무역기구(WTO)라고 불리는 상임 기구가 발족하였다.

대공황 때 급식을 받기 위해 줄을 선 실업자들

2003년 칸쿤

시애틀에서 회의가 있은 지 4년 뒤, 세계무역기구(WTO)의 또 다른 회의도 실패했습니다. 이번에는 멕시코의 칸쿤

세계무역기구(WTO)

세계무역기구는 국가 간 자유무역을 촉진하려고 한다.

세계무역기구는 관세무역일반협정(GATT) 체제를 대신하여 세계 무역 질서를 세우고, 우루과이 라운드 협정을 잘 이행하고 있는지 감시하는 국제기구이다. 1995년 설립된 이래로 2008년 현재 153개 나라가 회원국이 되었다.

세계무역기구는 국가 간의 무역 분쟁 조정, 관세 인하 요구, 반덤핑 규제 등의 역할을 하며, 서비스 및 지적재산권 등 새로운 과제를 논의하고 있다. 또한, 회원국의 무역 관련 법, 제도, 관행 등을 개선하여 자유무역과 경제 성장을 촉진하는 데 역점을 둔다. 협의를 통해 만들어지고 논의된 무역 규칙들은 식량과 의류, 전자 장비, 제약 등을 포함한 모든 상품과 서비스에 관한 것이다. 무엇이 거래되든 모든 규칙은 자유무역을 장려하기 위한 것이다.

에서 회의가 열렸어요. 2001년 논의를 시작한 중동의 도시 이름을 따서 '도하 라운드'라고 부르지요. 칸쿤의 거리에서 시위가 벌어지기도 했지만, 더 큰 논쟁은 이 회의에서 일어났어요.

가나, 부르키나파소 그리고 베냉 같은 서아프리카 국가들이 불공정한 면화 생산 보조금에 대해 항의한 것이에요. 미국은 면방직과 철강 산업에 종사하는 노동자들이 유럽연합의 관세와 세계 교역의 변화로 말미암아 일자리를 잃고 있다고 주장했어요.

미국 철강 노동자들은 세계 무역의 변화 때문에 점점 일자리를 잃고 있다.

인도와 중국은 국제 자본의 이동과 기술 접근에 대한 세계무역기구의 규칙들이 문제가 있다고 비판했어요. 반면 회의장 바깥 거리에서는 '이경해'라는 한국 농민이 자살하고 말았어요. 그는 '전국 농어민 후계자 협의회'라는 농민 단체의 전 대표로서 농업 개방을 반대하며 시위에 참여하였어요.

무역 회담의 몰락

세계무역기구 회의는 2003년 9월 아프리카를 대표하는 사람들이 갑작스레 중단을 선언함으로써 열네 번째 회의로 끝이 났어요. 이들은 많은 선진국이 개발도상국들에게 자유무역을 위해 경제를 개방하라고 압박하면서, 정작 선진국들은 자기 나라 경제를 개방하려고 하지 않는다고 항변했어요. 이들은 또한 개발도상국들이 세계 시장에 접근하기 어렵게 하는 선진국들의 관세와 보조금 정책에 대해 언급하면서 선진국의 이중적 잣대를 비난했어요.

'부자 나라 클럽'의 종말

일부 사람들은 칸쿤 회의의 실패에 대해 축하를 나누었어요. 그들은 이것을 가난한 나라들의 승리로 여겼어요. 이 회의는 인도, 브라질, 중국 같은 인구가 많고 광대한 나라들이 유럽연합과 미국에 맞서 특정 문제에 대해 최초로 같은 견해를 밝힌 자리였던 거예요. 그들은 회의의 실패가, 그동안 부자 나라들만을 위해 일했던 세계무역기구가 수년간 쌓아 온 결정을 무너뜨린 것이라고 주장했어요. 또한, 자유와 공정한 무역을 위해서가 아니라 부자 나라들만을 위한 클럽이 되어 버린 세계무역기구를 비난했답니다.

아직도 회의 중

다른 일부 사람들은 칸쿤 회의가 실패로 끝난 것에 대해 몹시 안타까워했어요. 만약 세계무역기구 협의가 앞으로도 계속 실패한다면 무역의 공정성 논쟁은 해결되지 않을 것이라고 주장했어요. 만일 이런 논쟁이 해결되지 않으면 부자 나라든 가난한 나라든, 모두 어떠한 혜택도 얻을 수 없을 것입니다. 논란이 많은 무역 규칙들을 개선하고 무역 전쟁을 막기 위해 각국 정부에 세계무역기구가 필요하다고 그들은 주장합니다(86~91쪽 참조).

빚을 줄이자!

세계은행과 국제통화기금도 반세계화주의자들과 개발도상국 정부들로부터 비난을 받아 왔어요. 그들은 가난한 국가들이 금융 원조를 받기 위해 해야만 했던 구조 조정은 부채 문제를 더 악화시킨다고 주장했어요. 1996년 세계은행과 국제통화기금은 42개 국가의 대외 부채 상환 의무를 줄여 주기로 했어요. 이런 국가들은 악성 채무 빈국, 즉 'HIPC(Heavily Indebted Poor Countries)'라고 일컬어집니다. 세계은행과 국제통화기금에서 부자 나라들과 채무 구제 프로그램들이 몇 년 동안 1000억 달러에 해당하는 부채를 탕감하는 것에 동의했어요.

부채 감축은 제대로 이뤄질까?

1996년 '주빌레 2000'이라는 단체는 부채 탕감 과정은 속도가 너무 느리기 때문에 더 많은 국가들의 부채를 빠르게 탕감해야 한다고 주장했어요. 2003년까지 180억 달러의 부채가 HIPC 프로젝트로 사라졌지만, 주빌레 2000에 따르면 20개 국가 중 13개 국가가 생존 가능한 수준으로 부채를 낮추지 못했다고 합니다.

하지만, 이미 승인된 부채 탕감은 그 효력이 나타나고 있어요. 아프리카의 10개국이 HIPC 프로젝트로 부채 탕감 혜택을 받아 교육 관련 지출을 13억 달러까지 늘릴 수 있었어요. 물론 의료 보험 관련한 지출도 늘릴 수 있게 되었지요. 부채 탕감은 기나긴 과정이지만, 올바른 방향으로 향하는 발걸음입니다.

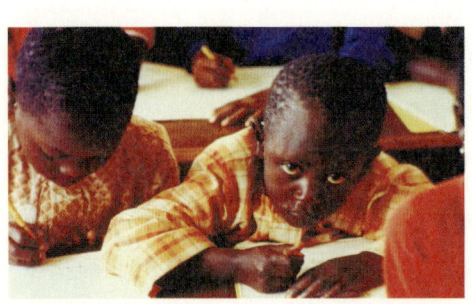
많은 개발도상국이 부채 탕감으로 혜택을 받을 것이다. 개발도상국들은 교육과 의료, 가난의 개선에 더 많은 예산을 사용할 수 있다.

논란이 많은 세계무역기구의 무역 원칙

무역 관련 지적재산권(TRIPS)

무역 관련 지적재산권은 TRIPS(Trade Related Aspects of Intellectual Property Rights)라고 하며 연구 개발과 새로운 아이디어를 통해 기술, 의학, 생명과학 기술을 발전시키려는 기업들의 투자를 보호할 목적으로 만들어진 규칙이다. 무역 관련 지적재산권은 예술가와 작가들의 권리를 보호하는데 그들의 음악, 책 또는 영화가 복제되는 것을 막고 있다.

그러나 무역 관련 지적재산권은 가난한 나라들에서 의학과 기술의 비용을 더욱 비싸지도록 한다. 작은 규모의 사업체가 추가적인 저작권료를 지급해야만 하므로, 개발도상국에서는 그 기술에 접근하기가 더욱 어려워지는 것이다. 중국과 인도는 무역 관련 지적재산권이 기술적 차이를 만들고 경제 개발이 늦어지게 하며 세계 무역 거래를 불공정한 것으로 만들고 있다고 주장한다.

그동안 이런 비난에 대해 무역 관련 지적재산권은 성공적으로 대응해 왔다. 제약 회사들은 남아프

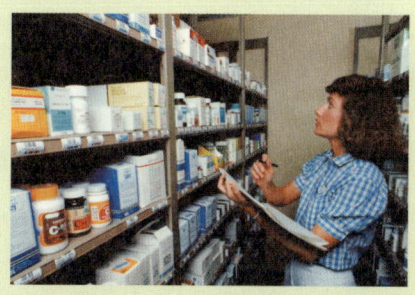

지적재산권이 의약품의 가격을 더욱 비싸게 한다.

리카공화국 정부가 에이즈 바이러스 치료를 위한 복제 약을 사람들에게 공급하자 법정에 세우기도 했다. 그러나 이러한 무역 관련 지적재산권 규칙은 공공의 건강이라는 명분 때문에 뒤집히고 말았다(53~59쪽 참조).

다자간투자협정(MAI)

1995년 몇몇 대규모 다국적 기업들은 세계의 어느 지역에 투자할 때 좀 더 쉽게 진입할 수 있도록 하기 위해 세계무역기구와 접촉했다. 다자간투자협정, 즉 MAI(The Multilateral Agreement on Investment)는 세계적 기업들이 외국에 투자할 때 더 많은 권한을 지니도록 하기 위해 고안되었다. 세계무역기구가 다자간투자협정에 동의했다는 것은 어떤 사람이든지 그 나라에서 투자를 자유롭게 할 수 없다면, 각국 정부가 그 사람에게 보상해 주어야 한다는 뜻이다.

세계무역기구는 1998년까지 다자간투자협정에 대한 결정을 내려야만 했다. 그런데 마감 시간 전에 인터넷에 기반을 둔 어느 운동 단체가 다자간투자협정의 목적에 대해 비판했다. 그러자 프랑스, 미국, 호주 정부가 다자간투자협정으로 기업에 부여될 법적인 힘에 대해 의문을 제기했다. 그들은 기업들이 많은 권력을 행사할 수 있게 되고, 정부만큼 힘이 강해질 수 있다는 것에 대해 우려했다. 결국 다자간투자협정에 대한 결정의 마감 시간까지 어떤 결정도 내리지 못하고 지나가 버렸지만, 언젠가 이 문제는 다시 현안으로 떠오를 것이다.

서비스무역일반협정(GATS)

은행, 의료 보험, 통신 관련 서비스들은 서비스무역일반협정, 즉 GATS(General Agreement on Trade in Services)에서 담당하고 있다. 서비스무역일반협정은 사기업들이 이러한 서비스 산업에 쉽게 투자할 수 있도록 하자는 생각에서 시작되었다.

외국인 투자는 서비스의 가격을 낮추고 서비스를 개선할 기술과 방법을 제공할 수 있다. 그런데 이익을 우선으로 하는 외국의 사기업에 물, 의료, 교육 같은 꼭 필요한 공공 서비스를 맡긴다면 가격은 올라가고 서비스의 질은 떨어질 수도 있다.

2000년 볼리비아에서 발생한 실제 사례로, 미국의 벡텔이라는 기업이 코차밤바라는 도시의 상수도 공급을 맡게 되었다. 그러자 수돗물은 엄청나게 비싸져서, 일반인들은 평균 수입의 3분의 1을 물값으로 지출해야 했다. 심지어 떨어지는 모든 물에 대한 소유권을 벡텔 사가 보유했기 때문에 빗물을 모으는 것까지도 불법으로 몰렸다. 폭력 시위가 도시 전체로 번졌고 벡텔 사는 쫓겨나고 말았다.

그 후 프랑스 회사가 볼리비아의 수도인 라파스에서 사람들에게 돈 대신 노동으로 시설 개선에 대한 비용을 내게 하여 물 공급을 성공적으로 민영화했다.

10. 무역도 전쟁이라고요?

　세계무역기구가 세계의 자유무역을 촉진하려는 목적이 있는 것처럼, 국가들도 자유무역을 촉진할 목적을 위해 서로 협정에 동의하고 서명합니다. 우리는 이런 협정을 '무역 블록'이라고 부르지요. 이런 지역적, 국제적 블록 안에서 더욱 많은 무역이 이루어지고 있어요. 하지만 '무역 전쟁'이라고도 하는 무역 블록 간의 분쟁도 나날이 증가하고 있어요.

바나나 분쟁

　바나나는 무역 블록 간에 가장 큰 분쟁을 일으키고 있는 상품이에요. 이 분쟁은 4년 동안이나 계속되고 있으며, 세계무역기구 회원국 가운데 3분의 1에 해당하는 국가들이 관련되어 있어요.

남아메리카의 다섯 개 바나나 수출국의 지원을 받는 미국의 과일 판매 회사들은 유럽연합이 바나나에 부과하는 관세에 불만을 나타냈어요. 이 관세는 유럽연합이 아프리카와 카리브 해안의 바나나 생산국을 지원하기 위해 부과한 것이었지요. 미국은 유럽연합이 남아메리카의 생산자들과 미국 회사들을 희생시키면서 과거 그들의 식민지였던 국가들에 호의를 베풀고 있다고 했지요. 그러자 유럽연합은 1975년에 서명한 원조 협약에 따라 농민들을 지원하는 것이라고 주장했어요.

바나나 전쟁은 공식적으로 끝났지만, 과거 유럽의 식민지에 사는 농민들은 급속히 바나나 농사를 포기하고 있다.

바나나 전쟁은 끝났을까?

미국은 미국으로 들어오는 유럽연합의 수출품에 높은 관세를 부과함으로써 바나나 수출에 대해 보복을 했어요. 이 말은 미국과의 무역에 의존하는 유럽연합의 수많은 사업체가 고통을 겪고 있다는 것을 의미하지요. 세계무역기구는 미국에 동조하며 유럽연합이 무역 규칙을 어기고 있다는 판정을 내렸어요. 유럽연합은 결국 보조금 정책을 조정해야 했어요.

그러나 여전히 바나나 전쟁으로부터 회복되지 못한 사람들이 있어요. 왜냐하면, 유럽연합의 보조금은 가난한 과거 식민지 국가의 바나나 재배업자들을 돕기 위해 만들어진 것이었기 때문이에요. 보조금이 없다면 그들은 바나나 농사를 지을 수가 없어요.

최근 미국과 유럽연합은 철강 무역 전쟁을 치렀다. 미국이 자국의 철강 산업을 보호하기 위해 외국 수입품에 관세를 부과했기 때문이다.

자메이카의 한 신문은 카리브 해의 윈드워드 제도(諸島)에 위치한 각 나라의 각료들이 유럽을 방문했다고 최근 보도했어요. 카리브 해 연안의 바나나 생산자들이 재앙에 내몰리고 있다는 것을 유럽연합에 알리기 위해서였지요.

철강 전쟁

2002년 미국 정부는 미국에 수입되는 철강 제품에 관세를 부과했어요. 값싼 외국 수입품은 비싼 미국산 철강보다 경쟁력이 우위에 있었어요. 미국 정부는 수입을 막아 미국의 철강 산업을 보호할 수 있기를 희망했어요. 그러나 유럽연합과 그

밖의 여덟 개 철강 생산국이 세계무역기구에 제소했고 미국의 철강 관세는 불법이라는 판정을 받았지요.

보복 조치

유럽연합의 깃발. 유럽연합은 미국과 농산물, 철강 산업 등에서 무역 전쟁을 벌였다.

세계무역기구의 한 위원은 유럽연합이 원한다면 유럽으로 수입되는 미국 제품에 대해 똑같이 관세를 부과함으로써 보복할 수 있다고 말했어요. 그래서 유럽연합이 관세를 부과할 목록을 준비하는 동안, 미국 정부는 다른 쟁점에 대해 세계무역기구에 진정서를 제출했어요. 이번에는 철강이 아니라 유전자 조작 농산물에 대한 것이었어요. 미국은 유럽의 여러 나라가 유럽 내에서 유전자 조작 농산물 소비를 억제하는 불법적 행동을 저지른다고 비판했어요. 유전자 조작 식품에 여러 가지 환경적인 문제가 있다 하더라도 미국은 오직 무역만을, 즉 자국의 이익만을 우선으로 한 것입니다. 이 새로운 논쟁은 유럽연합과 미국 사이의 무역 관계를 더욱 악화시키고 말았어요.

관세를 줄이다

이에 대한 유럽연합의 보복은 미국에서 유럽으로 수출되는 제품의 수를 줄이는 것이었고, 그 결과는 2004년 미국 대통령 선거를 앞두고 일자리와 사업체 손실로 드러났어요. 2003년 12월 마침내 부시 대통령은 대통령 임기를 유지하기 위해 미국 철강의 관세를 낮추기로 했어요. 이 결정은 철강을 생산하는 오하이오 주, 웨스트버지니아 주, 펜실베이니아 주에서는 환영받지 못했지요. 무역이 모든 사람에게 공정하기란 불가능해 보입니다.

미국은 미국산 목화에 대한 보조금 정책이 유지되기를 바란다.

칸쿤 목화 전쟁은 해결되었을까?

브라질 정부는 2003년 칸쿤 회의에서 미국의 목화 보조금에 대해 불만을 표시했어요. 2004년 4월 그들은 기념비적인 판결로 승리를 거두었어요. 세계무역기구가 미국의 목화 생산자들에게 주는 보조금이 덤핑을 일으킨다는 이유로 불법이라는 판정을 내린 거예요.

커다란 진전

브라질의 승리는 세계무역기구의 주요한 무역 분쟁에서 개발도상국이 승리한 첫 번째 사례입니다. 이것은 미국과 유럽에서 농업 보조금을 삭감해야 한다는 많은 판결 가운데 첫 번째입니다.

2004년 6월 미국 정부는 세계무역기구의 결정에 맞서 싸울 것이라고 말했고, 지속적으로 보조금을 지급하기 위해 대응하겠다고 했어요. 목화를 둘러싼 논쟁은 아직도 계속되고 있는 거지요. 미국이 목화 보조금을 줄인다면 그것은 브라질이나 아프리카의 농민들이 수익을 더 많이 얻고, 미국의 목화 생산자들이 손해를 본다는 것을 의미합니다.

11. 국가의 장벽을 넘은 기업들

다국적 기업은 국제 경제에 광범위하게 영향을 미칠 만큼 엄청난 힘을 지녔어요. 다국적 기업의 크기와 수는 국제 무역의 양상을 바꾸었고 국제 경제의 성장에도 이바지했어요. 회사들이 어떤 나라에 사무실이나 공장을 설립하기로 했을 때, 그 나라에 돈이 흘러들어 가는 것을 의미하는 외국인 직접 투자(Foreign Direct

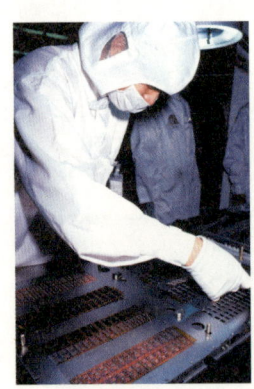 

외국인 직접 투자는 개발도상국의 삶의 질을 향상시킨다. 그러나 외국인 직접 투자가 철수할 때는 폐허가 될 수도 있다.

Investment)는 그 도시나 지역 사람들의 삶의 수준을 바꾸어 놓지요. 수익은 의료 시설과 교육에도 쓰이게 됩니다. 하지만, 외국인 직접 투자로 투입된 자본이 갑자기 철수한다면 그 지역 사람들의 삶이 파괴될 수도 있어요.

거대한 상품 공급망

다국적 기업의 크기와 영향을 고려할 때 직접 고용된 사람들의 수는 놀랍게도 매우 적은 편입니다. 다국적 기업은 국제 무역의 70%를 차지하지만, 그 기업들이 직접 고용한 사람은 겨우 1700만 명에서 2600만 명 정도입니다.

그러나 더 많은 사람이 다국적 기업에 간접적으로 고용되어 있어요. IBM, 모토로라, 나이키, 갭 같은 회사들은 자신들이 소유하지도, 경영하지도 않은 공장들과 하청 계약을 맺고 있거든요. 나이키는 2만 명의 사람을 직접 고용하고 있어요. 그러나 전 세계에서 나이키 제품을 만드는 사람은 50만 명이 넘는답니다.

상품 공급망은 크고 복잡해서 인권이나 환경 문제가 쟁점이 되어 자주 등장합니다. 그러나 사업은 규모나 복잡성과는 상관없이 사업 자체가 이루어지기를 원하는 방식대로 됩니다. 이것이 바로 환경과 인권 문제를 일으키는 것입니다.

누가 이익을 얻을까?

다국적 기업이 투자하는 어떤 나라, 도시, 지역에서 환경 피해와 인권 침해에 대한 보고가 있을 때 사람들은 "누가 더 이익을 보고 있을까?"라고 묻습니다. 회사일까요? 아니면 해당 나라일까요? 회사가 매년 거두는 이익의 정도나 판매량이 평가하기가 훨씬 수월하지요. 그러나 해당 나라에 가져다 준 이익이나 비용을 측정하는 것은 그리 단순하지 않아요.

환경 비용

인도네시아의 새우 양식업자들은 석유 정유 공장에서 바다에 쏟아 낸 오염 물질 때문에 생계 수단을 잃어버렸어요. 남부 인도에서는 음료 공장에서 나온 쓰레기에서 카드뮴이라고 불리는 위험한 유독성 화학 물질을 발견하고, 농민들이 시위를 벌였어요.

 가난한 나라들의 허술한 환경 관련 법규는 자기 나라에서 매우 강력한 환경 규제를 받아 온 다국적 기업들에는 매력적인 것으로 인식되곤 하지요. 세계 어디서든 환경을 오염시킨 기업을 처벌하여야 무책임한 기업들을 변화시킬 수 있어요. 기업이 저지른 무책임한 사례들을 보고 사람들은 개발도상국이 부유한 국가들의 쓰레기장이 되고 있다고 항변합니다.

인권 침해 비용

중국이나 방글라데시의 저임금 공장에서 일하는 노동자들의 건강이 나빠진 것은 외국인 직접 투자가 삶의 질을 언제나 향상시키는 것은 아니라는 징표이지요. 외국인 직접 투자로 얻은 혜택은 인권 침해 때문에 실제로는 줄어듭니다. 이러한 인권 침해로 비난받을 때, 다국적 기업들은 자신들만이 노동자들에게 근로기준에 합당한 노동 조건을 제공할 의무가 있는 게 아니라고 항변하지요.

누구에게 책임이 있을까?

인권 침해나 환경 피해가 발생했을 때 누가 비난을 받아야 하는지 파악하기는 쉽지 않아요. 어떤 이들은 문화적 차이 때문이라고 하고, 또 해당 지역 정부가 인권과 근로기준에 대해 이중적인 잣대를 들이대는 것에 책임이 있다고도 주장해요.

또 다른 이들은 대량 주문과 제품을 완성해야 하는 빡빡한 마감 날짜가 공장주나 고용인 그리고 정부에 부담을 주고 있다고 말합니다. 만약 마감 날짜를 맞추지 않으면 다국적 기업이 언제든지 일을 다른 곳에 맡기고, 생산지를 다른 곳으로 이전할 것이라는 두려움이 있다는 것이지요.

의류 회사 갭의 근로조건

의류 회사 갭(GAP)은 반세계화 운동가들로부터 거센 저항을 받았다. 이 때문에 언론에서 나쁜 평판을 받아 갭 제품에 대한 불매 운동으로 이어졌다. 이러한 움직임 때문에 회사는 공장의 근로조건을 다시 살펴보게 되었다. 그 결과 2003년 갭은 회사의 실천 강령을 따르지 않는 전 세계 50여 개 공장의 사업을 중지했다.

그러나 실천 강령과 사회적 책임 보고서로는 복잡한 상품 공급망을 관리하고 감시하는 일을 수월하게 할 수 없다. 어떤 사람들은 갭 같은 회사들이 근로조건을 결정해서는 안 된다고 주장한다. 일을 하는 노동자들 그리고 국가를 운영하는 사람들이 결정해야 한다는 것이다.

기업의 책임

리바이스 청바지를 만드는 기업인 '리바이 스트라우스'는 카리브 해안의 도미니카공화국에 공장을 갖고 있어요.

이 공장은 노동자들에게 탁아 시설을 제공하고, 출퇴근할 때 값싼 교통수단을 제공하며 교육 프로그램도 제공합니다.

다국적 기업들의 태도는 노동자들의 대우에 매우 큰 영향을 끼치지요. 사업의 수익은 교육을 통해 훈련된 건강한 노동력으로부터 나옵니다.

생활 임금

만약 다국적 기업들이 자사 제품을 생산하는 하청 공장주에게 공장 노동자들이 생활에 충분한 임금을 받을 수 있도록 독려한다면 더 많은 사람이 더 나은 삶의 질을 누릴 수 있을 거예요. 생활 임금을 지급한다는 것은 음식이나 주거, 의료, 교육에 대한 기본적 필요를 충족할 수 있을 만큼 돈을 준다는 뜻이지요. 우리도 소비자로서 도와야만 해요. 우리는 상품과 서비스에 대해 현실적인 가격을 치를 필요가 있

소비자들은 언제나 가장 싼 가격을 원한다. 그러나 노동자들이 삶의 질을 높일 수 있도록 현실적인 가격을 치러야만 한다.

11. 국가의 장벽을 넘은 기업들

어요. 이러한 방법을 통해 회사들은 비용을 절감하는 대신에 노동자들의 월급을 올릴 수 있는 거죠.

자유무역 지대 : 마킬라도라 이야기

　정부는 자국의 영토 안에 자유무역 지대를 둘 수 있다. 자유무역 지대는 두바이, 코스타리카, 모리셔스 등 세계 여러 곳에 있다.
　멕시코 정부는 1960년대 북부 멕시코의 시우다드 후아레스라는 도시에 자유무역 지대를 설치했다. 수입품에 세금을 부과하지 않기 때문에 미국 회사들에 멕시코 북부의 자유무역 지대는 매력이 있었다. 미국 회사들은 멕시코인들을 고용하고, 수입한 부품을 가지고 상품을 만들어 멕시코 바깥으로 수출했다. 값싼 노동력, 낮은 임대료, 세금 면제의 혜택을 누리기 위해 미국 회사들이 멕시코에 모여들었다.

　멕시코의 이러한 미국 공장들을 '마킬라도라'라고 한다. 2000년까지 3600개의 마킬라도라에서 100만 명이 넘는 사람들을 고용했다. 공장들은 800억 달러에 해당하는 전자 제품과 자동차 부품을 수출하였고, 그 결과 멕시코에서 180억

멕시코의 자유무역 지대에서는 미국 기업에 관세를 부과하지 않아 기업이 많은 이익을 얻는다.

달러를 벌어들였다.

　자유무역 지대를 비판하는 사람들은 노동 착취와 환경 파괴에 대해 이야기한다. 그들은 멕시코 도시의 마약 중독자 문제, 열악한 주거 시설, 노동자들의 낮은 임금과 공해 등을 지적한다. 또한, 미국 회사들이 상품을 만드는 이 지역의 사람들보다 더 많은 이익을 가져간다고 주장한다. 시우다드 후아레스에서는 멕시코인이나 멕시코 정부가 아니라 미국회사들이 더 큰 힘을 지니고 있다고 한다.

12. 착한 소비에 참여하기

소비자들이 공정한 무역에 미치는 영향에 대한 인식이 점차 확산되고 있다.

세계 무역을 둘러싼 논쟁과 문제에 대한 인식이 점차 널리 퍼져 나가고 있어요. 슈퍼마켓이나 지역 상점에서 판매하는 상품에 대해 소비자들이 영향을 미치면서 이러한 인식을 갖기 시작했어요. 소비자들은 이 제품이 자신들의 손에 들어오기까지 얼마나 공정한 무역을 거쳤는지 판단하기 어렵지요. 그래서 공정무역 마크와 서유럽, 북아메리카에 있는 기구들이 소비자들을 대신하여 판단을 내리고 있어요.

공정무역이란?

공정무역이란 생산자와 소비자가 서로 이익을

보장하고 존중하는 것을 바탕으로 하는 무역 거래 방식을 말해요. 공정무역 생산자는 세계의 가난한 지역에서 찾아볼 수 있어요. 공정무역의 협력자가 된다는 것은 그들의 노동에 대한 공정한 가격을 보장한다는 뜻이에요. 가격은 반드시 생산자들의 생산 비용을 충당하고 생활 임금을 포함하는 것이어야 하지요. 공정무역 생산자들은 부자 나라의 시장에 더욱 가까이 다가갈 수 있어요. 환경적으로 지속 가능한 생산 방식과 사람의 권리에 대해 존중하는 마음이 필요합니다.

공정무역 제품의 표시

공정무역 조항에 따라 생산된 식품들을 심사하여 인증하는 공식 기관이 있답니다. 영국에서는 영국 공정무역재단(The Fairtrade Foundation)의 소비자 라벨인 '페어트레이드(FAIRTRADE)' 마크가 제품이 엄격한 공정무역 기준을 따르고 있는지를 표시합니다. '미국 트랜스페어(TransFair USA)'는 미국에서 유일하게 공정무역 제품에 대한 심사와 인증을 하는 독립적인 기관이에요.

영국의 공정무역 마크(왼쪽)와 미국 공정무역 로고(오른쪽)는 공정무역 제품임을 공식적으로 알려 준다.

영국 공정무역재단과 미국 트랜스페어는 세계 공정무역 표준안을 마련하고 인증을 부여하는 국제공정무역인증기구(Fairtrade Labelling Organizations International)의 회원 단체입니다.

국제공정무역인증기구는 60개 국가, 100만 명 이상의 재배 농가에 인증을 부여했어요. 국제공정무역인증기구의 조사원들은 농장과 관련 기관들을 찾아 그들이 공정무역 표준에 맞게 생산 활동을 하고 있는지를 평가합니다.

식품 분야의 세계 무역

오늘날 세계적으로 100만 명 이상의 소규모 생산자들이 공정무역에 참여하고 있으며, 미국과 유럽에서 판매량도 빠르게 성장하고 있어요. 부르키나파소의 망고, 가나의 초콜릿, 이 두 가지는 전 세계 10만 개 이상의 상점에서 팔리는 공정무역 식품이에요.

윤리적인 소비자

윤리적인 소비자는 다른 소비자들과 마찬가지로 상품에 대한 취향과 가격을 보고 구매합니다. 하지만 그들은 또한 하나의 특정한 상품이 어디에서 어떻게 상점에 도착했는지

이익이 아니라 사용을 위한 생산

19세기 막바지에 협동조합 운동이 시작되었다. 영국의 도매 협동조합 같은 단체는 그들의 이익을 협동조합 내의 회원 단체에 다시 투자해 왔다. 협동조합 회원들은 서로 상품과 서비스를 교환했다.

1960년대까지 대안 무역은 미국과 영국에서 인기가 많았다. 1980년대 초반 영국에서는 '이퀄 익스체인지(Equal Exchange)' 같은 기구들이 베트남과 모잠비크 같은 나라

공정무역은 농민들이 존엄성을 지키고 이익을 얻을 수 있는 직업으로 커피 농사를 변화시켰다.

들을 지원하기 위해 커피를 팔기 시작했다. 1988년 네덜란드의 막스 하벨라르 재단은 공정무역 마크를 만들었다. 이것은 영국 공정무역재단(The Fairtrade Foundation)이나 대안무역을 위한 국제연합(The International Federation for Alternative Trade, 2009년부터 세계공정무역기구로 바뀜) 그리고 유럽공정무역협회(The European Fair Trade Association) 같은 다른 공정무역 조직들이 생기는 데 도움을 주었다.

1991년 옥스팸(Oxfam), 트레이드크라프트(Traidcraft), 트윈 트레이딩(Twin Trading)과 이퀄 익스체인지(Equal Exchange) 같은 조

직들이 카페다이렉트(Cafedirect)라는 회사를 운영하기 시작했다. 현재 카페다이렉트는 영국에서 가장 큰 공정무역 음료 회사이다. 카페다이렉트는 또한 공정무역 차와 코코아를 생산하고, 일부 슈퍼마켓들이 공정무역 음료를 판매하도록 독려하고 있다.

식품과 음료만이 공정무역 인증을 받은 것은 아니다. 축구공, 꽃, 의류 등도 인증 제품이 나와 있다. 공정무역 의류를 판매하는 시장도 성장하고 있다. '피플 트리(People Tree)'는 공정무역 의류 회사이다. 그들이 파는 옷은 생산자에게 공정한 가격과 정기적인 주문, 더 나은 지급으로 생산자들에게 이익을 가져다준다.

알고 싶어 하지요. 윤리적 소비자들은 대부분 공동체에 더 많은 혜택을 주고 자연환경에 불필요한 피해를 주지 않는다면 조금 더 비싼 가격으로 물건을 살 의향이 있는 사람들이에요.

공정무역은 비현실적일까?

공정무역 운동은 비현실적이라는 비판을 받아 왔어요. 사람들은 대부분 슈퍼마켓에 갈 때 자신의 주머니나 은행 계좌에 돈이 얼마만큼 있는지 염두에 두고 물건을 사지요. 사람들은 돈을 절약하여 휴일을 즐기고 새 차를 사고 싶어 해요. 그래서 공정무역의 비판자들은 사람들이 윤리에 따라 물건을 구매하지는 않는다고 합니다. 사람들은 그저 돈을 덜 내고 싶어 할 뿐이라는 거지요.

공정무역은 틈새시장에 불과할까?

공정무역의 성장은 곧 일정 수준에서 멈추고 더 큰 국가나, 국제 경제 안에서 틈새시장 정도의 역할밖에 못 할 것이라고 비평가들은 주장하지요. 윤리적 틈새시장은 매일매일 생계를 위해 치열하게 살아갈 필요가 없는 부자 나라에서만 성장할 수 있다고도 해요.

공정무역 운동의 성과는 빈곤 속에서 살아가는 수십억 명의 사람들에게 진정한 변화를 가져오기에는 너무나 작아 보입니다.

실제로 도움이 될까?

얼마나 많은 소규모 농가와 생산자들이 실제로 혜택을 받는지 의문을 표시하는 사람들도 있어요. 공정무역은 상호 협력적인 네트워크에 관련된 공동체를 도와주지요. 하지만, 여기에 포함되지 않은 사람들에 대해서는 어떻게 해야 할까요?

우리가 이미 알고 있듯이, 공정무역 네트워크의 일부가 되려면 생산자와 공급자가 특정 기준에 맞아야만 하지요. 이 기준은 소비자들에게 어떤 것이 공정한 무역을 거친 상품인지 판단할 근거가 됩니다. 그러나 이러한 기준들이 단지 더 많은 규제와 규칙들로 되어 버려서, 이러한 형식주의가 가난한 나라의 사람들이 국제 무역의 혜택을 얻는 것을 더 힘들게 하고 있다는 주장도 있어요.

더 나은 미래

여러 비판이 있지만, 공정무역은 생산자들이 자신의 삶을 스스로 통제할 수 있도록 합니다. 공정무역은 경제적인 안정에 대한 믿음을 주어 생산자들이 자신의 삶을 개선할 계획을 세울 수 있게 하고, 건강과 자녀의 교육이나 생산품에 대하여 결정을 내릴 수 있게 합니다.

더 나은 투자

공정무역에 대한 수요가 증가한다는 것은 많은 세계적 단체들이 좀 더 윤리적인 방식으로 투자할 곳을 찾고 있다는 것을 의미해요.

공정무역 이야기

 가나의 언어 가운데 하나인 트위어로 '쿠아파 코쿠'는 선량한 코코아 농민을 뜻한다. 이것은 또한 가나의 아샨티 지방에서 1993년 설립된 코코아 재배 협동조합의 이름이기도 하다. 현재 4만 5000명에 이르는 농민들이 쿠아파 코쿠에 속해 있다.

초콜릿의 원료인 코코아는 카카오 열매의 씨앗을 빻아 만든다.

 1990년대 초 가나의 자유무역은 사기업들이 코코아 무역을 할 수 있도록 했고, 수출로 얻은 혜택이 재배 농가에 직접 돌아가도록 쿠아파 코쿠도 설립되었다.

 유럽과 북아메리카에 있는 공정무역 회사들이 공정한 가격을 보장해 주었다. 농민들은 안정적인 가격으로 생계를 유지할 수입을 얻었다. 협동조합은 새 농기구를 사고 우물을 팔 수 있는 돈을 갖게 되었다. 1998년 쿠아파 코쿠는 영국의 데이 초콜릿 회사(The Day Chocolate Company)라는 회사와 함께 공정무역 초콜릿 바를 출시했다. 쿠아파 코쿠의 농민들은 주식을 3분의 1쯤 소유하고 이익을 나누며 운영에도 참여한다.

1976년 방글라데시의 그라민 은행은 일반 은행에서 돈을 빌릴 수 없는 농민들에게 돈을 빌려 주기 시작했어요. 오늘날 그라민 은행은 200만 명에게 자금을 대출해 주었고 1000여 개의 지점과 4만여 개의 마을에서 서비스하고 있어요.

'소액 대출'로 알려진 이 대출 방법은 세계의 많은 은행이 어떻게 가난한 나라에 투자할 수 있는지 다시 생각해 보게 합니다.

재생 에너지

2000년에 석유 회사 쉘은 우간다에서 재생 에너지를 사용하는 소규모 사업에 투자하기 시작했어요. 태양 에너지에

여행을 좀 더 책임감 있고 공정하게 하면 가난한 나라 사람들이 혜택을 본다. 그 혜택은 지역 학교와 의료 시설에 재투자된다.

투자하려는 양봉업자들과 과일 재배 농민들에게 자금을 제공했어요. 쉘은 한 번의 지원으로 끝나는 기부보다는 이러한 장기 프로젝트에 4억 5000만 달러 이상을 투자하기로 했답니다.

성장하는 공정무역 운동

공정무역 운동은 여러 가지 방법을 동원해 '기존의 불공정한 국제 무역에서 노동자들이 혜택을 받지 못하고 있다.'라는 인식을 사람들에게 심어 왔어요.

비록 공정무역 제품을 구매하는 것으로 하룻밤 사이에 가난한 나라의 수준을 부자 나라의 수준으로 끌어올릴 수는 없겠지요. 하지만, 이런 인식은 세계 기업들, 정부들 그리고 국제통화기금이나 세계무역기구 같은 국제기구들이 불공정한 무역의 문제에 대해 더욱 신경을 쓰도록 압력을 넣는다는 것을 뜻하지요.

그들은 가난한 나라의 빚을 탕감하고, 무역 규칙을 더 많이 개방하고, 이익을 공동체에 다시 투자하는 결정을 내리라는 압력을 받고 있어요. 윤리적인 소비자들의 힘은 점점 커지고 있지요. 그러나 각국 정부와 기업들은 여전히 기존의 국제 무역으로 더 많은 사람이 이익을 얻는다고 믿도록 직접적인 영향을 미치고 있어요.

한눈에 보는 무역의 역사

기원전 4000년 인류는 여행을 하고 가축을 치고 적을 공격하거나 도망가는 데 이용했던 강과 협곡 위의 언덕길을 따라 이동을 시작하였다.

기원전 3500년 메소포타미아에서 바퀴 운송 수단이 발명되면서 더 먼 거리에서부터 목재나 곡물 같은 상품의 교역이 촉진되었다.

기원전 2900년 이집트 배는 인도양을 탐험하기 시작했다. 그들은 아프리카 동쪽 해안으로부터 노예와 상아, 보석과 향료를 들여왔다.

기원전 2500년 ~ 기원전 1700년 인더스 문명을 일으킨 사람들은 오늘날 파키스탄, 북인도, 아프가니스탄과 중국의 남서지역을 아우르는 인더스 강 주변 지역의 둑을 따라 무역을 하였다.

기원전 312년 ~ 기원후 5년 로마 제국은 8만 킬로미터에 이르는 도로를 건설했는데 이는 군사적인 정복과 효과적인 제국 통치를 가능하게 하였다. 서유럽과 북아프리카를 가로지르는 도로망은 이후 제국으로 들어오는 많은 이민자의 이동 통로이자 서유럽을 가로질러 기독교 운동이 전파되는 통로로 이용되었다.

기원전 150년 ~ 기원후 1500년대 고대에서 중세 시대까지 실크 로드는 동아시아와 중동 그리고 유럽을 연결하였다. 6400킬로미터에 이르는 길에서 금과 비단, 양모는 가장 가치 있는 상품이었다.

1492년 ~ 1504년 이탈리아 제노바에서 직물 공장 운영자의 아들로 태어난 크리스토퍼 콜럼버스는 포르투갈에서 출발하여 대서양을 가로질러 항해하기 시작했다. 첫 번째 항해에서 그는 카리브 해안의 섬에 도착했다. 두 번째 항해에서는 새로운 땅에서 '이사벨라'라고 하는 최초의 유럽형 도시를 세웠다. 세 번째와 마지막 항해에서 그는 남아메리카에 도착하였다. 이러한 항해 성과는 다른 유럽 선원들이나 무역업자들로 하여금 세계의 바다를 찾아 나서도록 하였고 유럽의 식민주의가 시작되는 계기가 되었다.

1500년 ~ 1800년 아프리카의 희망봉을 거쳐 서인도로 가는 바닷길을 개척한 바스쿠 다가마의 항해는 더 많은 유럽 무역업자들로 하여금 부를 찾아 바닷길을 찾아 나서게 하였다. 항해가 더 멀리 이루어질수록 무역은 더 증가했고 유럽의 종교와 정치적 힘은 지구적으로 확대되었다. 영국의 동인도 회사와 같은 조직들은 대영 제국의 재정적 이익을 위해서 향료와 차, 커피, 담배 그리고 고무 무역을 통제하였다.

1765년 제임스 와트가 증기 기관 엔진의 디자인을 개량하였고 이를 이용하여 니콜라스 조셉 쿠그넛은 프랑스의 도로에서 움직일 수 있는 증기 차량을 발명하였다. 리처드 트레비딕은 1804년 최초로 영국의 철도에서 움직일 수 있는 증기 기관차를 만들었다.

1876년 알렉산더 그레이엄 벨은 전화 발명에 대한 특허권을 얻었다. 벨전화회사(The Bell Telephone Company)는 장거리 전화 서비스를 제공하기 위해 미국전신전화회사(American Telephone and Telegraph Company)를 설립했다. 오늘날 이 회사는 AT&T로 더 잘 알려졌다.

1860년 ~ 1945년 19세기가 끝날 무렵 유럽 침략자들은 산업혁명 이후 유럽의 부와 인구 증가에 필요한 천연자원을 찾기 위해 아프리카로 향했다. 이로 말미암아 런던, 리스본 그리고 파리에서 아프리카 지역을 더욱더 직접적으로 통치할 수 있게 되었다.

1919년 아서 브라운과 존 앨콕은 최초로 대서양을 비행기로 횡단했다. 1920년대에는 최초의 상업용 비행기들이 우편물을 나르게 되었다. 비행 속도가 증가하고 다양한 작은 비행기들이 등장하면서 전 세계의 바다와 대륙을 한 번에 비행할 수 있게 되었다.

1944년 브레턴우즈 회의가 미국에서 열렸다. 영국, 미국 그리고 구소련 연방 같은 나라들이 다른 44개의 국가들과 제2차 세계대전 이후에 어떻게 하면 가장 안정적이고 평화로운 경제를 만들어 낼 수 있을지에 대해 논의했다. 그들은 국제통화기금(IMF)과 국제부흥개발은행(The International Bank for Reconstruction and Development, 나중에 세계은행으로 바뀜)의 설립에 동의했다. 그들은 또한 국제 교역 법을 논의하기 위한 다자간 협정을 시작하는 것에 동의했다.

1947년 첫 번째 다자간 무역 협정은 23개국이 참여하여 제네바에서 열렸다. 이를 관세무역일반협정(GATT)이라고 한다.

1970년대 석유 가격의 급등으로 많은 개발도상국에서는 경제 침체가 이어졌고 개발도상국들은 서유럽 국가로부터 많은 자금을 끌어들였다. 이로 말미암아 여러 나라에서 부채 위기가 시작되었다.

1983년 인터넷이 발명되었고 이는 21세기 통신과 은행업에 혁명적 변화를 가져왔다.

1988년 네덜란드 막스 하벨라르 재단은 처음으로 공정무역 라벨을 만들었다.

1995년 우루과이에서 열린 관세무역일반협정(GATT)의 마지막 다자간

협정이 종료되고 나서 제네바에 세계무역기구(WTO)가 설립되었다.

1991년 ~ 1998년 동남아시아에서 경제성장으로 여겼던 변화가 경제위기로 변했다. 국가 간 경계를 넘어 자유롭게 이동했던 투자 자본이 심각한 경제 침체를 유발했다는 점에서 역사상 처음 있는 일이었다.

1999년 반세계화 그리고 반자본주의 저항 운동이 미국 시애틀에서 일어났다. 이는 몇 개의 주요한 시위의 시작을 알리는 것이었다. 약간의 폭력적 충돌도 있었지만, 이 시위는 불공정한 무역이 어떻게 열악한 근로조건을 낳고 환경 문제를 만들고 세계적 불평등을 증가시키는지에 대한 인식을 확대하는 데 도움이 되었다.

2004년 옥스팸, 이퀄 익스체인지, 트레이드크라프트, 트윈 트레이딩이 공동 출자하여 개발도상국 커피 생산자들로부터 커피콩을 직접 구매하는 커피 회사 카페다이렉트(Cafedirect)를 설립하였다. 이 회사 주식이 런던 주식 시장에 상장되어 4500여 명의 투자자로부터 500만 파운드를 모았다. 공정무역 제품은 서유럽과 북미의 슈퍼마켓과 소매상에서 취급하는 비중이 점점 높아지고 있다. 의류 제조업이나 은행업 등 다른 사업들도 '윤리적인 소비자'를 찾아 나서기 시작했다.

공정무역 관련 단체

외국의 공정무역 관련 단체

공정무역연맹(FTF, The Fair Trade Federation)
홈페이지 www.fairtradefederation.com
전자 우편 info@FairTradeFederation.org
공정무역연맹은 미국에 기반을 둔 공정무역 도매업자, 소매업자, 생산자들의 무역 연합체다. 회원들은 전 세계에서 경제적으로 불리한 수공예업자들과 농부들에게 공정한 임금과 좋은 고용 기회를 제공하는 데 헌신한다. 매출액에 따라 회비가 결정된다. 공정무역연맹은 회원들에게 사보와 공정무역 행사뿐 아니라 무역 네트워크와 회원 목록을 제공한다.

국경 없는 의사회(Medecins Sans Frontieres)
홈페이지 www.msf.org.au 전자 우편 office@sydney.msf.org
국경 없는 의사회는 세계에서 의료 지원을 선도적으로 수행하는 독립된 인도주의적 기관이다. 이들은 인간적 인내의 벼랑 끝에 선 사람들의 삶을 돕고 있다.

국제공정무역인증기구

(FLO, Fairtrade Labelling Organizations International)

홈페이지 www.fairtrade.net 전자 우편 info@fairtrade.net

1997년 발족한 국제공정무역인증기구(FLO)는 공정무역 제품의 표준, 규격 설정, 생산자 단체 지원, 검열 등의 일을 하기 위해 발족하였으며, 2002년부터 공정무역 제품에 인증 마크를 제공하고 있다. 24개국의 회원 단체 가운데 19곳에서 인증 업무를 하고 있다.

국제공정무역인증기구는 80여 개 국가에서 632곳의 인증 생산자 조직과 협력 관계에 있으며, 전 세계 4692곳 이상의 수출상, 수입상, 가공업자에 인증 마크를 부여하고 있다. 이 인증 마크는 제3세계의 가난한 생산자들에게 지불하는 최저가격제로 그들이 안정된 생활을 할 수 있고 사회적 초과 이익으로 지역사회 개발이 포함되었음을 증명한다.

국제연합 무역개발회의

(UNCTAD, United Nations Conference on Trade and Development)

홈페이지 www.unctad.org 전자 우편 info@unctad.org

국제연합의 한 기관으로 무역 간 쟁점이나 개발 쟁점에 대해 논의한다.

국제 옥스팸(Oxfam International)

홈페이지 www.oxfam.org

전자 우편 information@oxfaminternational.org

옥스팸은 세계적 이슈와 전 세계의 프로젝트들을 지원하는 자선기관이다. 세계적 이슈에 대해 출판하고 보고한다.

디바인 초콜릿 유한회사(Divine Chocolate Ltd)
홈페이지 www.divinechocolate.com 또는 www.dubble.co.uk
전자 우편 info@divinechocolate.com

1997년 아프리카 가나의 카카오 농부들의 생활을 개선하기 위해 데이 초콜릿 회사가 설립되었다. 1998년 디바인 초코릿 바를 출시하였으며 2007년 디바인 초콜릿 유한회사로 명칭을 바꾸었다. 디바인 초콜릿 유한회사는 초콜릿을 좋아하는 사람들에게 맛있는 공정무역 초콜릿을 제공하기 위해 디바인(Divine)과 더블(Dubble)이라는 공정무역 초콜릿을 생산하고 있다.

미국 트랜스페어(TransFair USA)
홈페이지 www.transfairusa.org 전자 우편 info@transfairusa.org

미국 트랜스페어는 미국에서 공정무역 실행에 대해 제3자로서 자격을 부여하는 유일하게 독립된 비영리 기관이다.

세계공정무역기구(WFTO, World Fair Trade Organization)
홈페이지 www.wfto.com 전자 우편 info@wfto.com

세계공정무역기구(WFTO)는 1989년 국제공정무역연합(IFAT)으로 발족했다. 2009년에 세계공정무역기구로 법인명을 변경하였다. 70개 이상의 국가에서 300개 이상의 공정무역 단체들이 회원으로 가입되어 있는 조직으로 10가지 공정무역 기준을 규정하고 모니터링을 수행하고 있다. 제3세계의 가난한 생산자와 그 가족들 700만여 명이 공정무역의 혜택을 보고 있다. 세계공정무역기구의 주요 업무는 시장 개발, 모니터링,

권익 활동 세 가지로 요약할 수 있다. 2004년부터 세계공정무역기구의 기준을 충족하고 감시를 받는 공정무역 조직에 FTO 마크를 제공하고 있다.

영국 공정무역재단(Fairtrade Foundation)

홈페이지 www.fairtrade.org.uk 전자 우편 mai@fairtrade.org.uk
영국 공정무역재단은 FLO의 회원 단체로 영국 내에서 FLO의 기준에 따라 공정무역 제품 인증 업무를 한다. 영국에서 공정무역을 알리고 시장을 넓히기 위해 교육 자료를 개발하고 홍보와 캠페인을 한다.

유럽공정무역연합(EFTA, The European Fair Trade Association)

홈페이지 www.eftafairtrade.org 전자 우편 efta@antenna.nl
유럽 9개 나라 11개 공정무역 단체들의 연합으로 1987년 비공식적으로 설립하여 1990년 공식 지위를 얻었다. 이들 단체끼리 정보와 네트워킹, 생산지 공동 개발 등의 협력으로 공정무역을 촉진하고 있다.

유럽월드숍네트워크(NEWS, The Network of European World Shops)

홈페이지 www.worldshops.org 전자 우편 office@worldshops.org
유럽월드숍네트워크(The Network of European World Shops)는 공정무역 상품을 소매로 판매하는 유럽 월드숍들을 지원하고 연결함으로써 공정무역을 장려하는 일을 목표로 한다. 13개국 15개 국가월드숍연합체들의 네트워크로서 유럽에 있는 3200여 개의 월드숍을 대표한다.

카페다이렉트(Cafedirect)

홈페이지 www.cafedirect.co.uk 전자 우편 info@cafedirect.co.uk

카페다이렉트는 영국에서 규모가 큰 공정무역 음료 회사로 14개 개발도상국 40개 생산자 단체와 협력하며 커피, 차, 코코아 등을 생산한다.

키지지 비전(Kijijivision) - 공정무역 사진 재단(Fair Trade Photography)

홈페이지 www.kijijivision.co.uk 전자 우편 colin@kijijivision.co.uk

키지지 비전의 목적은 그 지역 고유의 사진가들이 남반구에서 촬영한 사진 이미지들에 대해 세계 시장에서 공정한 몫을 얻도록 돕는 데 있다.

트레이드크라프트(Traidcraft)

홈페이지 www.traidcraft.org.uk 전자 우편 comms@traidcraft.co.uk

트레이드크라프트는 국가 또는 국제적인 수준에서 무역의 규정들이 가난한 사람들의 이익을 위해 작동하도록 변화를 촉구하는 일을 하고 있다. 이들은 전 세계를 통해서 가난을 줄이기 위해 헌신하고 있다.

휴먼 라이트 워치(Human Right Watch)

홈페이지 www.hrw.org 전자 우편 hrwnyc@hrw.org

휴먼 라이트 워치는 전 세계의 인권을 보호한다. 이 단체는 또한 인권 침해를 조사하고 알리는 일을 하고 있다.

한국의 공정무역 관련 단체

공정무역가게 울림

홈페이지 www.fairtradekorea.com 전자 우편 ullimft@naver.com
2007년 공정무역 인증 축구공을 파키스탄에서 수입했으며, 2008년 2월 스위스 클라로에서 국제공정무역인증기구(FLO) 인증 유기농 초콜릿을 수입하여 '착한 초콜릿' 캠페인을 벌였다. 영국 트레이드크라프트에서 수입한 코코아, 지오바, 무슬리 등을 판매하고 있다. 2010년에는 파라과이 유기농 설탕도 수입하여 판매하고 있다.

공정무역집단 유스타오

홈페이지 www.justao.com 전자 우편 revolist@hanmail.net
유스타오(Justao)는 에스페란토라는 언어의 국제 네트워크를 활용해 2008년 1월부터 아프리카 및 제3세계의 생산 공동체와 경제적 자립을 지원하기 위한 계획과 활동을 벌이고 있다. 아프리카 가나의 목공예품과 마스코바도 설탕, 네팔의 비누 등을 판매하고 있다.

기아대책 행복한나눔

홈페이지 www.kfhi.or.kr/giversmart
2009년부터 멕시코 치아파스 지역의 마야비닉 조합으로부터 공정무역 인증 커피콩을 수입하여 판매하고 있다.

두레생협연합회

홈페이지 www.dure.coop   전자 우편 dure@dure.coop

두레생협에서는 에이피넷(APnet)이라는 무역회사를 만들어 일본의 대안 무역회사 ATJ의 협력으로 2004년 필리핀 마스코바도 설탕, 2006년 6월 팔레스타인 올리브유를 수입하여 조합원을 대상으로 판매하고 있다.

아름다운가게

홈페이지 www.beautifulstore.org

전자 우편 webmaster@beautifulstore.org

2003년 인도, 방글라데시, 네팔에서 수공예품을 수입하여 판매하기 시작했고, 2006년 9월부터는 '히말라야의 선물'을, 2008년 1월부터는 페루에서 생두로 들여온 '안데스의 선물'을 판매하고 있다. 또 네팔의 홍차 티백 제품도 수입 판매하고 있다. 2009년에는 우간다산 커피를 추가했다.

한국공정무역연합(KFTA, Korea Fair Trade Association)

홈페이지 www.fairtradekorea.net   전자 우편 ullimft@fairtradekorea.net

한국공정무역연합은 한국 사회에 공정무역을 알리고 실천하기 위한 비영리 민간단체이다.

한국과 한국 사람들이 국제 사회의 책임 있는 일원으로 개발도상국의 가난한 사람들과도 따뜻한 정을 나누며, 지구촌 한 가족으로 더불어 사는 아름다운 세상을 만들기 위해 노력하고 있다.

한국YMCA전국연맹

홈페이지 www.ymcakorea.org 전자 우편 ymca@ymcakorea.org

한국YMCA전국연맹에서는 2005년 11월 동티모르 산 커피콩을 볶아 '한 잔의 커피, 한 잔의 평화' 라는 상표로 회원 중심으로 판매하다가 2006년 12월에 '피스커피(Peace Coffee)' 라는 상표로 시장에 내놓고 카페 티모르(Cafe-Timor)라는 카페를 열어 공정무역 커피 사업을 펼치고 있다.

(주)페어트레이드코리아

홈페이지 www.ecofairtrade.co.kr 전자 우편 ceo@fairtradekorea.co.kr

2007년 여성환경연대가 주축이 되어 (주)페어트레이드코리아를 설립하여 일본의 네팔리 바자로를 통해 네팔에서 생산된 의류와 생활용품 등을 판매하고 있다. 또 인도에서 유기농 면직물을 수입하여 국내에서 만든 티셔츠를 '그루' 라는 자체 브랜드로 판매하고 있다.

iCOOP생협연합회

홈페이지 www.icoop.or.kr 전자 우편 icoop@icoop.kr

2007년 콜롬비아의 Compania Nacional De Chocolates 사에서 카카오매스와 버터를 수입하여 국내에서 가공한 초콜릿을 공정무역 초콜릿으로 판매하고 있고, 동티모르와 콜롬비아에서 수입한 커피도 판매하고 있다. 2008년 11월부터는 필리핀 파나이 섬의 국제공정무역인증기구(FLO) 인증 생산자 단체로부터 마스코바도 설탕을 수입하여 판매하고 있다.

공정무역 관련 용어 풀이

개발도상국(Developing countries) 산업화가 진행되는 과정 중에 있는 국가들
경기 침체(Recession) 높은 실업률의 신호를 보내는 경제적 침체 상태
내전(Civil War) 한 국가 내에서 서로 다른 집단 간에 벌어지는 분쟁
노동력 착취 공장(Sweatshops) 주로 공장 지대의 열악한 노동 환경을 묘사하는 의미로 쓰이는 관용어
노동자(Labor) 회사나 단체에 고용된 사람 또는 종업원
노동조합(Trade unions) 노동자나 고용된 사람들의 권리를 지원하기 위한 단체들
민병대(Militia) 비정부 무장 조직
불법 거래(Trafficking) 법의 테두리에서 벗어난 사람이나 상품의 이동. 이 가운데 인신매매는 사람들에게 위협을 가하거나 폭력을 사용하거나 속임수를 쓰거나 강제적으로 그들의 집으로부터 떠나게 하여 성매매나 강제 노동을 통해 착취하는 것을 말한다.
살충제(Pesticide) 농작물을 먹는 해충을 막기 위한 화학 약품
생명 과학 기술(Biotechnology) 생명 공학을 사용하는 기술
수출입 정지(엠바고; Embargo) 특정 상품이 정치 또는 인권에 관련한 이유로 수입이나 수출이 단체나 정부에 의해 금지되는 조치가 취해진 단계

시장(Market) 상품과 서비스가 판매되는 장소

유럽연합(European Union) 유럽 27개 국가의 정치 경제적 통합체

유전자 조작(GM, Genetically modified) 자연적으로 성장한 곡식들을 병충해에 대한 저항력이나 수확량을 개선하기 위해 의도적 기술을 사용하여 변형한 곡식들

이산화탄소(Carbon dioxide) 화석 연료가 연소될 때나 인간이 호흡할 때 발생하는 가스로 대기 가스 중의 한 종류

인권(Human rights) 모든 인간에게 부여된 기본적 권리 – 삶, 자유, 사상, 표현 그리고 평등

잉여(Surplus) 생산물의 과잉 생산

자유주의화(Liberalization) 경제 성장을 늘리기 위해 사적(私的) 기업과 자유무역에 의존하기 위한 목적으로 취하는 정부의 일련의 조치들

제품(Manufactured) 만들어진 상품

주식 거래소 또는 주식 시장(Stock Exchange or stock market) 회사의 주식이나 주권을 매일 사고파는 장소

주식과 주권(Stock and shares) 회사들이 자신들의 사업에 재투자할 수 있는 자본을 늘리기 위해 판매하는 주식 또는 주권. 특정 회사의 주식을 어떤 사람이 샀다면 이것은 소유권의 일부분을 샀다는 의미이다. 회사의 주식을 더 많이 가질수록 회사를 더 소유하게 된다.

착취(Exploitation) 인간적 권리에 대한 학대

채무(Debt) 다른 개인이나 조직 또는 국가에 진 빚

카르텔(Cartel) 생산품의 공급을 통제하는 데 동의하는 사람들의 단체나 조직들

찾아보기

ㄱ

가격　　25, 28~30, 32, 35, 39, 40, 42,
　　　　51, 53~55, 62, 85, 97,
　　　　101, 102, 104, 107, 112
가나　　24, 27, 79, 102, 107
개발도상국　6, 7, 20, 22, 30, 53, 59, 65,
　69, 71, 74, 75, 80~83, 91, 92, 94, 112
경기 침체　　67
고용　　15, 37, 63, 93, 95, 98
공동농업정책(CAP)　　30
관세　　72, 74, 76, 78~80, 87,~90
관세무역일반협정(GATT)　　77, 78, 112
교육　　10, 17, 18, 52, 66, 69,
　　　　73, 82, 85, 92, 97, 106
구조 조정　　74, 81
국제연합(UN)　　59
국제통화기금(IMF)　　73, 77, 81, 109, 112

ㄴ

남아메리카18, 26, 61, 62, 69, 70, 87, 111
남아프리카공화국　52, 55, 57, 59, 83, 84

ㄷ

내전　　42, 43
노예 무역　　23

ㄷ

다국적 기업　　7, 84, 92~97
다자간투자협정(MAI)　　84
대공황　　76, 77
덤핑　　32, 78, 91
독일　　35

ㄹ

라이베리아　　46, 48
르완다　　42, 51

ㅁ

멕시코　　20, 24, 33, 69, 78, 98, 99
모잠비크　　32, 103
목화　　39, 40, 90, 91
무기 거래　　50, 51
무역 블록　　71, 86
무역 전쟁　　81, 86, 88

미국	23, 28, 33, 35, 39, 40, 47, 50, 51, 56, 57, 61~63, 70, 71, 74~77, 79, 80, 84, 85, 87~91, 98, 99, 101~103, 111~113	세계무역기구(WTO)	73~75, 77~81, 83, 84, 86, 87, 89, 91, 109, 113

세계보건기구(WHO)　59
세계은행(World Bank) 22, 73, 77, 81, 112
세계화(globalization)
　　13, 35, 60, 75, 81, 96, 113

ㅂ

반란군	42, 46, 47
방글라데시	20, 35, 95, 108
베냉	39, 40, 79
복제 약	55, 57, 58, 84
볼리비아	85
분쟁의 다이아몬드	46, 47
불법 거래	46, 49
불법 마약 거래	60, 61, 63, 64
브라질	23, 42, 57, 69, 71, 80, 91
빈곤	17~19, 45, 105
빚(부채)	65, 68, 69, 74, 75, 81, 82, 109, 112

소비자	25, 29, 35, 38, 97, 100~102, 104, 109, 113
수단	51
수입품	15, 72, 74, 88, 98
수출품	15, 87
스리랑카	35, 45, 46
실업	40, 66, 67

ㅅ

삶의 질	92, 95, 97
생활 임금	97, 101
서비스	8, 15, 21, 66, 72, 78, 85, 97, 103, 108, 111
서비스무역일반협정(GATS)	85
세계건강기금(Global Health Fund)	59

ㅇ

아동 노동	28, 29
아르헨티나	67~69
아프가니스탄	60, 62, 110
앙골라	46
언어폭력	37
에이즈(HIV/AIDS)	52, 54, 55, 58, 61, 64, 84
영국	14, 35, 36, 50, 101~104, 107, 111, 112
외국인 직접 투자 (Foreign Direct Investment)	92, 93, 95

찾아보기　**125**

우간다	42, 50, 108
우루과이	69, 77, 78, 112
유럽연합(EU)	30, 32, 40, 71, 79, 80, 87~90
의료	15, 17, 18, 39, 53, 57, 58, 66, 69, 73, 82, 85, 93, 97, 108
이윤	59, 63
인권	50, 75, 93~95
인도	14, 55, 71, 79, 80, 83, 94, 111
인도네시아	36, 65, 67, 94
일본	19

ㅈ

자유무역	72, 73, 75, 77, 78, 80, 86, 107
자유무역 지대(Free Trade Zones)	98, 99
저작권	83
제약 회사	55~57, 83
주식 시장	113
중국	14, 20, 21, 33, 35, 36, 71, 80, 83, 95, 110
지적재산권(TRIPS)	56~58, 78, 83
짐바브웨	50, 74

ㅊ

철강	79, 88~90

초콜릿	8, 9, 25~28, 102, 107

ㅋ

카카오	9, 26~28
캄보디아	35
캐나다	42, 50
커피	29, 103, 111, 113
코트디부아르	26~28
콜롬비아	49, 50, 63
콜탄	16, 42~44
콩고민주공화국	42, 46

ㅌ

태국	57, 60, 65, 66
투자	18, 40, 65, 66, 69~71, 83, 85, 94, 95, 103, 106, 108, 109, 113

ㅍ

프랑스	76, 84, 85, 111
필리핀	65

ㅎ

한국	18, 65, 79
환경	6, 7, 10, 12, 18, 21, 23, 36, 43, 45, 75, 89, 93~95, 99, 101, 104, 113

도서출판 **내인생의책**은 한 권의 책을 만들 때마다
우리 아이들이 나중에 자라 이 책이 '내 인생의 책'이라고
말할 수 있는 책을 만들고자 합니다.

세상에 대하여 우리가 더 잘 알아야 할 교양
―공정무역, 왜 필요할까? (원제: Fair Trade)

아드리안 쿠퍼 **지음** | 전국사회교사모임 **옮김** | 박창순 **감수**

1판 1쇄 2010년 7월 2일 | **1판 10쇄** 2016년 9월 9일
펴낸이 조기룡 | **펴낸곳** 내인생의책 | **등록번호** 제10호-2315호
주소 서울시 영등포구 당산로41길 11 SKV1 Center W1801
전화 (02)335-0449, 335-0445(편집) | **팩스** (02)6499-1165
전자우편 bookinmylife@naver.com | **홈카페** http://cafe.naver.com/thebookinmylife
편집 우석영 정내현 이다겸 | **디자인** 안나영 김지혜 | **경영지원** 조하늘 | **마케팅** 이영섭

Fair Trade
© Aladdin Books 2010
An Aladdin Book
Designed and produced by Aladdin Books Ltd
14 Deodar Road London SW15 2NN
All rights reserved.
No Part of this book may be used or reproduced in any manner
whatever without written permission, except in the case of brief quotations embodied
in critical articles or reviews.
Korean Translation Copyright © 2010 by TheBookinMyLife
Published by arrangement with Aladdin Books
through BC Agency, Seoul.

이 책의 한국어판 저작권은 BC 에이전시를 통한
저작권자와의 독점 계약으로 **내인생의책**에 있습니다.
신 저작권법에 의해 한국 내에서 보호를 받는 저작물이므로 무단전재와 무단복제를 금합니다.

ISBN 978-89-91813-47-2 73320
ISBN 978-89-91813-46-5 (세트)

* 책값은 뒤표지에 있습니다.
* 잘못된 책은 구입처에서 바꾸어 드립니다.

이 도서의 국립중앙도서관 출판시도서목록(CIP)은
e-CIP홈페이지(http://www.nl.go.kr/ecip)에서 이용하실 수 있습니다.
(CIP제어번호: CIP2010002285)

책은 나무를 베어 만든 종이로 만듭니다.
그래서 원고는 나무의 생명과 맞바꿀 만한 가치가 있어야 합니다.
그림책이든 문학, 비문학이든 원고 형식은 가리지 않습니다.
여러분의 소중한 원고를 bookinmylife@naver.com으로 보내주시면
정성을 다해 좋은 책으로 만들겠습니다.

디베이트 월드 이슈 시리즈

세상에 대하여 우리가 더 잘 알아야 할 교양

전국사회교사모임 선생님들이 번역한 신개념 아동·청소년 인문교양서!

《디베이트 월드 이슈 시리즈 세더잘》은 우리 아이들에게 편견에 둘러싸인 세계 흐름에서 벗어나 보다 더 정확한 정보와 지식을 제공합니다. 모두가 'A는 B이다.'라고 믿는 사실이, 'A는 B만이 아니라, C나 D일 수도 있다.'라는 것을 알려 주면서 아이들이 또 다른 진실을 발견하도록 안내합니다.

 ★ 전국사회교사모임 추천도서 ★ 문화체육관광부 우수교양도서 ★ 한국간행물윤리위원회 청소년 권장도서 ★ 서울시교육청 추천도서 ★ 보건복지부 우수건강도서 ★ 아침독서 추천도서 ★ 대교눈높이창의독서 선정도서 ★ 학교도서관저널 추천도서

① 공정무역 ② 테러 ③ 중국 ④ 이주 ⑤ 비만 ⑥ 자본주의 ⑦ 에너지 위기 ⑧ 미디어의 힘 ⑨ 자연재해 ⑩ 성형수술 ⑪ 사형제도 ⑫ 군사 개입 ⑬ 동물실험 ⑭ 관광산업 ⑮ 인권 ⑯ 소셜 네트워크 ⑰ 프라이버시와 감시 ⑱ 낙태 ⑲ 유전 공학 ⑳ 피임 ㉑ 안락사 ㉒ 줄기세포 ㉓ 국가 정보 공개 ㉔ 국제 관계 ㉕ 적정기술 ㉖ 엔터테인먼트 산업 ㉗ 음식문맹 ㉘ 정치 제도 ㉙ 리더 ㉚ 맞춤아기 ㉛ 투표와 선거